Marianne Breschke

D1923519

MONDGARTEN

Gärtnern mit dem Mond auf Balkon, Terrasse und im Garten

Inhalt

ERFOLGREICH MONDGÄRTNERN

MONDDATEN FÜR FÜNF JAHRE

Tomatoes

Vorwort

Das uralte Wissen über die Kräfte des Mondes und ihr Einfluss auf das Wachstum der Pflanzen – aber ebenso auf Schönheit und Gesundheit des Menschen – wird gerade wiederentdeckt, erfreut sich eines zunehmenden Interesses und auch steigender Beliebtheit. Das Gärtnern mit dem Mond ist nun keineswegs das Privileg der Besitzer von großen Nutzgärten: auch auf dem Balkon, der Terrasse oder im Mini-Ziergarten kann mit der sanften Unterstützung des Nachtgestirns eine zauberhafte grüne und blühende Oase entstehen! Diese kleinen Paradiese werden Ihnen mit ihrer „Mond-Power" helfen, sich zu erholen und neue Kräfte zu tanken.

MEIN WEG ZUR MONDGÄRTNERIN

Ich selbst beschäftige mich schon seit meiner Kindheit mit dem Mond. Zuerst faszinierten mich nur die vielen „Gesichter" des Vollmonds. Später glaubte ich dann, daß sich bestimmte Erdteile auf der Mondoberfläche widerspiegelten. Das ließ mir keine Ruhe, und ich redete mit meinem Großvater darüber. Der lachte nur und sagte: „Die Erde spiegelt sich nicht auf dem Mond wider, dieser aber in gewisser Weise in den Pflanzen." Er zeigte mir einen Kohlkopf, der großartig gewachsen war. Weil er schon viel von Bekannten über die positiven Einflüsse des Mondes auf das Pflanzenwachstum gehört hatte, säte er ebenfalls seinen Kohl bei abnehmendem Mond, weil sich in dieser Zeit, wie er sagte, alle Kräfte und Säfte in der Erde versammelten. Und das Gemüse gedieh prächtig. Als ich Jahre später dann selbst stolze Gartenbesitzerin geworden war, erinnerte ich mich wieder an die Worte meines Großvaters. Heute nütze ich mit Begeisterung und Erfolg den Einfluss des Mondes auf meine Pflanzen und möchte diese Erfahrungen auch an Sie weitergeben.

Auch im kleinen Garten, auf der Terrasse und auf dem Balkon blüht es besonders üppig, wenn bei der Pflege die Mondregeln beachtet werden.

LEICHT NACHVOLLZIEHBAR

Dieses Buch ist so konzipiert, dass selbst Anfängerinnen mit den verschiedenen Mondregeln gut zurechtkommen werden. Alle hilfreichen Daten, die Sie fürs Gärtnern im Einklang mit dem Mond brauchen, finden Sie in einem übersichtlich gestalteten Kalendarium, das für die nächsten fünf Jahre gilt. Auch wenn Sie kaum Erfahrung mit dem Heranziehen und Pflegen von Pflanzen haben, werden Ihnen die grundlegenden Hinweise und viele nützliche Tipps zu ungeahnten Erfolgen verhelfen. Dazu finden Sie pfiffige Rezepte, um die Pflanzen und Früchte Ihres Mondgartens mit Genuß für Gesundheit und Schönheit zu nutzen. Lassen Sie sich in diesem neuartigen und ungewöhnlichen Gartenbuch einfach von den Kräften des Mondes inspirieren!

Viel Freude wünsche ich Ihnen dabei!

Marianne Breschke

Grundlagen FÜR DAS MONDGÄRTNERN

Es ist so angenehm, zugleich die Natur
und sich selbst zu erforschen,
weder ihr noch dem eigenen Geist Gewalt anzutun,
sondern beide in sanfter Wechselwirkung
miteinander ins Gleichgewicht zu bringen.

Johann Wolfgang von Goethe

Gärtnern mit dem Mond – Inspirationen aus der Tradition

Nicht zu zählen sind die vielen Lieder und Gedichte, die den Mond besingen oder ihn gar hymnisch verklären, und die vielen Mythen, die sich um ihn und sein eigenartig fleckiges Antlitz ranken. Zu allen Zeiten und überall auf der Erde übte er auf den Menschen einen besonderen Reiz aus. So ist es nicht verwunderlich, dass er in zahlreichen alten Kulturen als Gott oder weitaus häufiger noch als Göttin verehrt wurde. In vielen Sprachen ist er bis heute weiblich, wie im Italienischen „la luna", also eigentlich eine „Mondin".

Dahlien danken es mit einer überraschenden Blütenfülle, wenn sie nach den Gesetzmäßigkeiten des Mondes gepflegt werden.

KOSMISCHE GEGENSPIELER

Der Mond leuchtet nicht aus eigener Kraft, sondern durch das Licht der Sonne, er ist sozusagen ihr nächtlicher Gegenspieler. Deshalb ist der Mond zu einem Symbol des Empfangens und Gebens geworden. Er repräsentiert auch die Dunkelheit, das Unbewusste oder Intuitive, die Fruchtbarkeit (wegen seines Einflusses auf den Monatszyklus der Frau) und alles Feuchte (da er auch Ebbe und Flut verursacht). Die Sonne hingegen symbolisiert die Helligkeit, das Bewusstsein und die Trockenheit.

ZAUBER DES MONDES

Der Mond hat jedoch einen weitaus romantischeren Einfluss auf die Menschen als die Sonne. Besonders die Vollmondnächte haben es in sich, denn sie üben einen Zauber aus, der im Laufe der Epochen oft unterschiedlich empfunden wurde. So schildert der Dichterfürst Johann Wolfgang von Goethe in seinem ersten Buch „Dichtung und Wahrheit" die Rolle des Mondes bei seiner Geburt: „Am 28sten August 1749, mittags mit dem Glockenschlage zwölf, kam ich in Frankfurt am Main auf die Welt. Die Konstellation war glücklich; die Sonne stand im Zeichen der Jungfrau und kulminierte für den Tag; Jupiter und Venus blickten sie freundlich an, Merkur nicht widerwärtig; Saturn und Mars verhielten sich gleichgültig; nur der Mond, der soeben voll ward, übte die Kraft seines Gegenscheins um so mehr, als zugleich seine Planetenstunde eingetreten war. Er widersetzte sich daher meiner Geburt, die nicht eher erfolgen konnte, als bis diese Stunde vorübergegangen ..." Dieses Zitat veranschaulicht eindrucksvoll, welche Bedeutung der Kraft des Vollmondes und auch der Planeten im schon sehr aufgeklärten 18. Jahrhundert zugeschrieben wurde.

ERFAHRUNGSWISSEN

Jahrtausendelang lebte der Mensch in Harmonie mit den Rhythmen der Natur. Er beobachtete die Gestirne und entdeckte dabei auch Zusammenhänge zwischen dem Zyklus des Mondes und dem Geschehen auf der Erde: Der Einfluss des Erdtrabanten auf die Meere etwa zählt zu den ältesten Erkenntnissen des Menschen und ist heute auch von der Wissenschaft bestätigt. Im „atmenden" Senken und Heben des Meeres zeigen sich die Auswirkungen des elliptischen Mondumlaufs mit seinen unterschiedlich starken Anziehungskräften. Doch der Mond wirkt sich noch in weitaus vielfältigerer Weise auf alle Pflanzen dieser Erde aus. Schon lange wussten unsere Vorfahren, dass Holz für den Haus- oder Schiffsbau am günstigsten bei abnehmendem Mond gefällt wird, weil es dann am haltbarsten ist. Bei zunehmendem Mond hingegen steigt nicht nur die Flut, sondern auch der Saftstrom in den Pflanzen erheblich an. Wird das Holz zur Unzeit gefällt, enthält es sehr viel Saft, der Fäulnis hervorruft und dadurch die Lebensdauer verkürzt. Die Erfahrungen mit dem Mond übertrug man schließlich auch auf die Pflanzenpflege: Daraus ergab sich zum Beispiel die Regel, Bäume nur bei abnehmendem Mond zu schneiden, denn dann verlieren sie nicht so viel nährstoffreichen Pflanzensaft aus den Schnittstellen. Diese Erkenntnisse beruhen auf vielfältigen Beobachtungen und nicht alle konnten bis jetzt mit Hilfe von wissenschaftlichen Versuchen bestätigt werden. Viele Gesetzmäßigkeiten für das Gärtnern mit dem Mond entdeckte Maria Thun bei ihren Versuchen zum biologisch-dynamischen Pflanzenbau. Mehr über die Grundlagen und die verschiedenen Mondregeln erfahren Sie auf den nächsten Seiten.

TIPP

Der Mond verzaubert nicht nur die Natur, sondern auch die Architektur: Das berühmte marmorne Grabmal Tadsch Mahal bei Agra in Indien entfaltet seine prachtvolle Wirkung inmitten seines morgenländischen Gartens zur Gänze erst im vollen Mondlicht. Die bezaubernden spanischen Gärten bei der Alhambra in Andalusien wiederum erreichen zusammen mit der maurischen Architektur erst in der silbernen Dämmerung mondheller Nächte ihre paradiesische Vollkommenheit. Wenn Sie mit offenen und sensiblen Augen bei Mondlicht und am besten auch bei Vollmond spazieren gehen, werden Sie selbst in Ihrer nächsten Umgebung „mondverzauberte" Gärten und Architektur entdecken und zur Inspiration nutzen können!

Der Einfluss des Mondes auf das Pflanzenwachstum

Die sich regelmäßig ändernde Gestalt des Mondes ist schon für Kinder faszinierend und zieht auch noch Erwachsene in ihren Bann. Während unser Nachtgestirn seine verschiedenen Phasen durchläuft, „spiegelt" es unterschiedlich starke kosmische Kräfte auf die Erde, die die Pflanzen vielfältig beeinflussen. Für das richtige Gärtnern mit dem Mond ist es wichtig, die jetzt folgenden Grundlagen zu verstehen. Die sich daraus ergebenden Mondregeln finden Sie dann ab Seite 16.

DIE MONDPHASEN

In einem Zeitraum von etwa einem Monat nimmt der Mond scheinbar zu, steht ein paar Tage als pralle Scheibe am Nachthimmel, dann nimmt er wieder ab und ist schließlich ein paar Tage ganz verschwunden. Aber das ist nur eine optische Täuschung für den Betrachter auf der Erde. Sie entsteht dadurch, dass der Mond auf seinem von Neumond zu Neumond 29,5 Tage dauernden Umlauf um die Erde ganz unterschiedlich von der Sonne beleuchtet wird. Die sichtbare Form des Mondes am Nachthimmel, sie wird Phase genannt, hängt von seiner Position auf der Bahn um die Erde ab. In jeder Phase gehen von ihm ganz spezielle Kräfte aus:

- Neumond: Der Mond befindet sich für zwei bis drei Tage ziemlich genau zwischen Sonne und Erde. Von dort aus kann die sonnenbeschienene Mondhalbkugel nicht gesehen werden, sondern nur die dunkle, sonnenabgewandte Hälfte. Die Phase des Neumonds wird auch Konjunktion genannt. Jetzt wirken nur schwache Impulse auf die Pflanzen, die neue Orientierungen begünstigen.
- Zunehmender Mond: Wenn der Mond sich auf seiner Bahn weiterbewegt, ist zuerst eine schmale, sonnenbeschienene, nach links geöffnete Mondsichel zu erkennen, die langsam zunimmt. Schließlich steht er als Halbmond am Himmel, die Astronomen sprechen dann vom Ersten Viertel. In den kommenden sieben Tagen wird die Mondscheibe voller. Der zunehmende Mond „atmet ein", alles auf der Erde strebt nun dem Mond entgegen.
- Vollmond: Der Mond steht jetzt der Sonne direkt gegenüber – man nennt dies auch Opposition – und ist voll von ihr beschienen. Seine kreisrunde Scheibe leuchtet für ein bis zwei Tage am Nachthimmel. Der Trabant hat nun die Hälfte seines Erdumlaufs zurückgelegt. Die Kräfte des Vollmondes sind stark und konzentriert und können sehr zwiespältig wirken, da jetzt die Umkehr vom Einzum Ausatmen eingeleitet wird.
- Abnehmender Mond: Bei der Fortsetzung seiner Erdumlaufbahn beginnt er nun, von rechts nach links abzunehmen. Er wird wieder zum Halbmond, der aber jetzt nach rechts geöffnet ist, und erreicht damit das Letzte Viertel. Die Sichel wird von Tag zu Tag schmaler, bis am Ende wieder die Neumondphase eintritt. Der abnehmende Mond „atmet aus", es werden Energien freigesetzt, die die Pflanzen aufnehmen können.

Dieser so genannte synodische Mondzyklus beginnt immer wieder von neuem. Übrigens wendet uns der Mond dabei stets dieselbe Seite zu, weil er sich in der gleichen Zeit, in der er um die Erde läuft, auch einmal um die eigene Achse dreht.

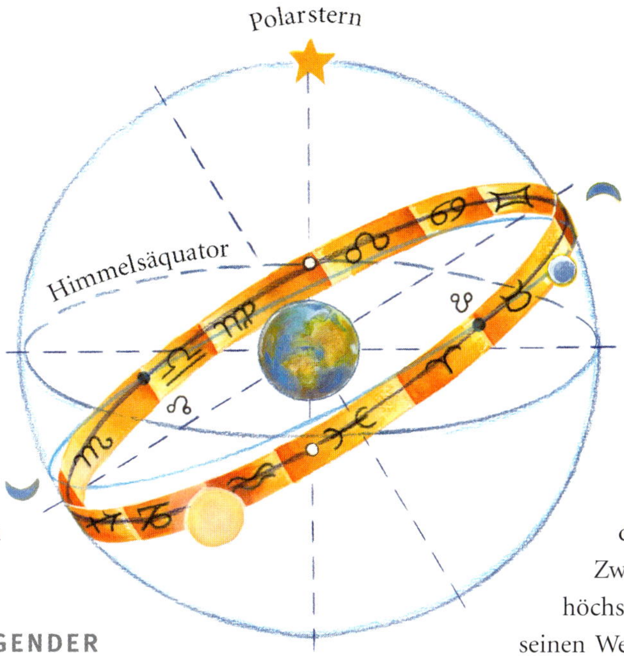

Der Weg des auf- und absteigenden Mondes durch den Tierkreis:
♑ Steinbock
♒ Wassermann
♓ Fische
♈ Widder
♉ Stier
♊ Zwilling
♋ Krebs
♌ Löwe
♍ Jungfrau
♎ Waage
♏ Skorpion
♐ Schütze

☊ Aufsteigender Mondknoten
☋ Absteigender Mondknoten
⌒ Höchststand des Mondes
◡ Tiefststand des Mondes

AUF- UND ABSTEIGENDER MOND

Das Auf- und Absteigen des Mondes darf nicht mit den gerade beschriebenen Mondphasen verwechselt werden, dieses weitere Phänomen wird durch die Neigung der Umlaufbahn des Mondes um die Erde verursacht. Die dabei entstehenden Kräfte ergänzen die Wirkungen des zunehmenden und abnehmenden Mondes. Wie äußert sich nun dieses Auf- und Absteigen? Wenn Sie regelmäßig den Mond beobachten, werden Sie feststellen, dass er etwa 14 Tage lang jede Nacht einen etwas höheren Bogen am Firmament beschreibt und dieser dann etwa 14 Tage lang wieder niedriger wird. Genauer gesagt beträgt dieser so genannte siderische Zyklus 27,3 Tage – er läuft also schneller ab als die Mondphasen. In dieser Zeit durchwandert das Nachtgestirn den gesamten Tierkreis am Firmament. Genaueres zu den Tierkreisbildern finden Sie auf der nächsten Seite. Hier eine kurze Übersicht:

- Als aufsteigender Mond durchquert er alle Tierkreisbilder von seinem tiefsten Punkt Schütze über Steinbock, Wassermann, Fische, Widder und Stier bis zu den Zwillingen, wo er seinen höchsten Stand, aber auch seinen Wendepunkt erreicht. Bei aufsteigendem Mond steigen die Säfte in die oberirdischen Pflanzenteile.
- Als absteigender Mond durchwandert er die Tierkreiszeichen Krebs, Löwe, Jungfrau, Waage, Skorpion und erreicht dann seine tiefste Stellung im Sternbild Schütze. Bei absteigendem Mond sinken die Pflanzensäfte in die Wurzeln ab. Deshalb wird diese Periode auch Pflanzzeit genannt (➔ Seite 18).

ERDNÄHE UND ERDFERNE

Es gibt noch einen dritten Mondrhythmus, der sich auf die Pflanzen auswirkt: Der Mond zieht eine elliptische Bahn um die Erde und ist ihr deshalb manchmal besonders nah und dann wieder besonders fern. Sie können das leicht beobachten, denn einmal erscheint er ganz groß und dann wieder sehr klein. Dieser sogenannte anomalistische Rhythmus vollzieht sich innerhalb von 27,6 Tagen.

TIPP

Lassen Sie sich nicht verunsichern, wenn Sie Unterschiede zwischen den Daten im Mondkalender dieses Buches und den Terminen der Tierkreiszeichen in Horoskopen feststellen. Für das Gärtnern im Einklang mit dem Mond wird die tatsächliche Wanderung des Nachtgestirns über die Tierkreisbilder nach der hier besser geeigneten astronomischen Methode berechnet, die andere Ergebnisse liefert als die astrologische.

- Den Mondstand in Erdnähe bezeichnen die Fachleute als Perigäum (Pg). Versuche ergaben, dass bei Erdnähe gesäte oder gesetzte Pflanzen sehr krankheitsanfällig sind.
- Den Mondstand in Erdferne nennen die Spezialisten Apogäum (Ag). Bei Versuchen kam heraus, dass die Erdferne zwar nicht ganz so ungünstig wirkt wie die Erdnähe, aber dennoch bei Saat oder Pflanzung zu diesem Termin keine guten Pflanzen zu erwarten sind.

DIE MONDKNOTEN

Last not least gibt es noch einen vierten wichtigen Zusammenhang, bei dem nun auch die Sonne eine Rolle spielt: Sie und der Mond bewegen sich ebenfalls nicht auf derselben Bahn. Die des Mondes ist leicht geneigt, verläuft also zur Hälfte unter und zur Hälfte über derjenigen der Sonne. Deshalb überschneiden sich die Bahnen der beiden Himmelskörper an zwei Punkten, die Mondknoten genannt werden. Es gibt auch noch zwei feinere Unterscheidungen:

- Ein aufsteigender Mondknoten liegt vor, wenn der Mond seine Bahn unterhalb derjenigen der Sonne durchläuft, dann die Sonnenbahn schneidet und über sie aufsteigt.
- Von einem absteigenden Mondknoten spricht man, wenn der Mond seine Bahn oberhalb derjenigen der Sonne durchläuft, dann die Sonnenbahn schneidet und unter sie „abtaucht".

Zahlreiche Versuche ergaben, dass zum Zeitpunkt der Passage des Mondes durch beide Arten von Knoten das Pflanzenwachstum sehr negativ beeinflusst wird. Mondknoten können nicht mit dem Auge beobachtet, sondern nur berechnet werden. Die Daten finden Sie im Mondkalender.

DIE TIERKREISBILDER

Die zwölf Tierkreisbilder am Nachthimmel geben unterschiedliche Impulse ab, die der Mond auf die Erde „spiegelt", solange er sie beim Auf- oder Absteigen durchwandert. Dabei sollten Sie darauf achten, dass es einen Unterschied zwischen den Astrologischen Sternzeichen und den hier wichtigen realen Sterngruppen, den Tierkreisbildern am Himmel gibt.

- Die Astrologie betrachtet die Sternzeichen nur als Symbole für die verschiedenen Kräfte in der Natur. Sie teilt für sie den Himmel einfach in zwölf gleich große Abschnitte ein.

● Die für das Gärtnern genaueren Ergebnisse liefert die astronomische Methode. Sie berechnet die augenblicklichen Stellungen der Sternbilder und des Mondes am Himmel. Die Tierkreisbilder sind unterschiedlich groß, deshalb braucht der Mond zwischen zwei und vier Tagen, um sie zu passieren.

Je drei Tierkreisbilder bilden ein Trigon, dass sich einem bestimmten Pflanzenorgan zuordnen lässt (s.u.)

ELEMENTE UND TRIGONE

Gelehrte haben schon im Altertum die Eigenschaften kalt, feucht, trocken und warm den vier Elementen Erde, Wasser, Luft und Feuer zugeordnet. Aristoteles teilte die Qualitäten der vier Elemente den zwölf Tierkreisbildern zu und stellte diese zu vier Trigonen (Dreiecken) zusammen, die heute noch gebraucht werden:

- Dem Erd-Trigon gehören die Tierkreisbilder Stier, Jungfrau und Steinbock an.
- Zum Wasser-Trigon zählen die Tierkreisbilder Krebs, Skorpion, und Fische.
- Das Luft-Trigon bilden die Tierkreisbilder Zwillinge, Waage und Wassermann.
- Zum Feuer-Trigon gehören die Tierkreisbilder Widder, Löwe und Schütze.

Worin liegt nun die Bedeutung der vier Elemente und Trigone und damit auch der zwölf Tierkreisbilder für die mondgärtnerische Praxis? Die Lösung dieser Frage verdanken wir wieder den Versuchen der bereits erwähnten Maria Thun. Sie fand heraus, dass zwischen den Elementen und bestimmten Pflanzenteilen enge Beziehungen bestehen: Die Wurzeln gehören zum Element Erde, das durch den Flüssigkeitsdruck gehaltene Blattwerk zum Wasser, die sich dem Licht öffnenden Blüten zur Luft und die mit Energie gefüllten Früchte zum Feuer. Sie teilte dann die Gewächse in Wurzel-, Blatt-, Blüten- und Fruchtpflanzen ein (Übersicht ➔ Seite 19). Der Stand des Mondes vor den Tierkreisbildern wiederum legt so genannte Wurzel-, Blatt-, Blüten- und Fruchttage fest, mit denen wir uns auf den folgenden Seiten eingehender beschäftigen werden.

Blatttrigon

Wurzeltrigon

Blütentrigon

Früchtetrigon

Die wichtigsten Mondregeln

Das Gärtnern im Einklang mit dem Mond ist nicht nur für den Nutzgarten von Bedeutung, auch für die Pflanzen auf Balkon, Terrasse oder im kleinen Ziergarten gelten Regeln, zu welchem Zeitpunkt Sie Aussaat, Pflanzung und Pflege am besten durchführen sollten. Sie werden sehen, das es nicht schwer ist, sich an die Richtlinien zu halten! Oft genügt schon ein Blick in den Nachthimmel um zu sehen, welche Arbeiten am nächsten Tag günstig sein werden. Immer aber hilft Ihnen ein Blick in den Mondkalender dieses Buches, damit Sie sich nicht nur liebevoll, sondern auch erfolgreich mit Ihrem grünen Paradies beschäftigen können. Neben den Mondregeln gibt es noch allgemein einige wichtige Punkte über die Ansprüche der Pflanzen zu beachten. Zum Beispiel ist der Lebensraum von Gewächsen, die in Gefäßen gezogen werden, ziemlich eingeschränkt. Sie brauchen deshalb auch etwas mehr Pflege und Zuwendung als ihre „freiwachsenden" Geschwister. Die entsprechenden Hinweise finden Sie ab Seite 22 übersichtlich dargestellt.

*Die Müh' ist klein,
der Spaß ist groß.
Johann Wolfgang
von Goethe*

GÄRTNERN BEI NEUMOND

Bei Neumond ist das Nachtgestirn nicht zu sehen und sein Einfluss entsprechend gering. Auch das Pflanzenwachstum legt in dieser Phase eine Ruhepause ein. Sie dürfen sich jetzt also ruhigen Gewissens ebenfalls ein kleines Arbeitspäuschen genehmigen! Wenn jedoch eine Ihrer Pflanzen erkrankt oder geschwächt ist, können Sie diese Zeit vorteilhaft für ihre Pflege nutzen. Müssen Sie zum Beispiel befallene Pflanzenteile abschneiden, ist jetzt der günstige Moment dafür. Die Patientin wird sich schnell erholen und schon bald wieder prächtig gedeihen.

... BEI ZUNEHMENDEM MOND

Wenn der Mond zunimmt, sieht seine nach links geöffnete Mondsichel wie ein kleines z in altdeutscher Schrift aus. In dieser Phase wird das oberirdische Wachstum gefördert, alles strebt sozusagen dem Mond zu. Diese Wirkung wird übrigens auch vom aufsteigenden Mond unterstützt. In der Zeit des zunehmenden Mondes sollten alle Pflanzen gesät und gepflanzt werden, die nach oben wachsen und Blüten oder Früchte tragen, also zum Beispiel Blattgemüse, Blumen und Obst. Wenn Sie zu dieser Zeit Rasen säen, wächst er schnell und kräftig, mähen Sie ihn bei zunehmendem Mond, so treibt er schnell wieder nach.

... BEI VOLLMOND

Der pralle Mond enfaltet die ganze Fülle seiner Kraft. Seine kräftigen Impulse begünstigen die Aufnahmefähigkeit der Pflanzen. Deshalb ist diese Phase ideal, um alle Gewächse zu düngen. Sie können in der nun folgenden abnehmenden Mondphase die Nährstoffe besonders gut verarbeiten. Bäume und Sträucher dürfen an den lebensprallen Vollmondtagen jedoch nicht beschnitten werden.

... BEI ABNEHMENDEM MOND

In der abnehmenden Phase sieht die nach rechts geöffnete Sichel des Mondes wie ein kleines a in altdeutscher Schrift aus. In der Natur fließen die Energien nun abwärts, die Kräfte gehen in die Wurzeln. Diese Wirkung wird übrigens vom absteigenden Mond unterstützt. Bei abnehmendem Mond ist die ideale Zeit gekommen, um alle Wurzelgemüse sowie Zwiebel- und Knollenpflanzen zu säen oder einzusetzen. Nur Aussaaten wenige Tage vor Neumond sollten Sie vermeiden, weil die Keimung ja mehrere Tage in Anspruch nimmt und dann genau in die ungünstige Phase fallen würde. Bei abnehmendem Mond ist auch die beste Gelegenheit, Bäume und Sträucher zu schneiden. Mähen Sie Ihren Rasen bei abnehmenden Mond, wenn er nicht so schnell nachwachsen soll. Während dieser Phase werden Nährstoffe und Feuchtigkeit besonders gut und wirkungsvoll aufgenommen, deshalb ist sie ideal fürs Düngen und Gießen.

... BEI AUFSTEIGENDEM MOND

Ähnlich wie bei zunehmendem Mond stehen in der Zeit des aufsteigenden Mondes alle Pflanzen in vollem Saft. Sie treiben schnell wieder durch, wenn jetzt geschnitten wird. Der Rasen etwa wächst rasch und kräftig wieder nach, wenn Sie ihn während dieser Zeit mähen. Ebenso verhält es sich beim Ernten von Schnittsalat. Alles oberirdisch Wachsende, sei es Blumen, Gemüse oder Lagerobst hält sich besser, wenn es in dieser Phase geschnitten wird. Kopfsalat etwa behält länger seine knackige Frische, welkt nicht so schnell und sieht appetitlicher aus. Schneiden Sie auch Blumen für die Vase am besten in dieser Phase, weil deren Stiele ebenfalls in vollem Saft stehen und somit die Blüten länger halten.

... BEI ABSTEIGENDEM MOND

Der absteigende Mond zeigt ähnliche Wirkungen wie der abnehmende: Die Pflanzensäfte sinken verstärkt in den Wurzelbereich. Deshalb ist diese Zeit für alle Gewächse bestens zur Aussaat und Pflanzung geeignet. Ebenso günstig ist sie für die Vermehrung mit Stecklingen und das Schneiden von Bäumen, Sträuchern und Hecken. Rasen wächst

Der pralle Vollmond entfaltet die ganze Fülle seiner Kraft und beeinflusst Wachstum wie Fruchtbarkeit bei Mensch, Pflanze und Tier.

TIPP

Mit dem häufig verwendeten Begriff Pflanzzeit – manchmal auch Pflanzmond genannt – ist die Phase des absteigenden Mondes gemeint, weil sie am besten für alle Pflanzarbeiten geeignet ist. Die Pflanzenkräfte konzentrieren sich dann mehr im Wurzelbereich, die Wurzeln der versetzten Pflanzen wachsen an ihrem neuen Standplatz schneller ein und zügig weiter.

langsamer nach, wenn er jetzt gemäht wird. Alles unterirdisch Wachsende sollte idealerweise jetzt geerntet werden, zum Beispiel alle Wurzelgemüse, weil sie nun besonders knackig und saftig sind. Unkräuter wachsen übrigens zur Freude der fleißigen Gärtnerin langsamer nach, wenn in dieser Phase auf den Beeten gehackt wird.

MONDKNOTEN NUTZEN!

An den Tagen, an denen der Mond auf- oder absteigend die Bahn der Sonne schneidet (Mondknoten), sollten Sie Gartenarbeiten wie Säen, Pflanzen und Ernten besser ruhen lassen. Während der Mondknoten wirken besonders negative Einflüsse auf alle Gewächse. Allerdings können Sie in dieser Phase unerwünschten Pflanzenwuchs besonders nachhaltig eindämmen: Wenn Sie die Beete bei einem absteigenden Mondknoten hacken, bleiben sie noch länger von Unkraut sauber, als wenn Sie dies bei absteigendem Mond alleine tun.

ERDNÄHE UND -FERNE GENIESSEN!

Der Mondstand in Erdnähe, auch Perigäum genannt, wirkt sich extrem ungünstig auf Pflanzen aus: Gewächse, die zu diesem Zeitpunkt gesät oder gepflanzt werden, sind ausgesprochen krankheitsanfällig. Die Erdferne oder das Apogäum wirkt sich nicht ganz so negativ aus, macht sich aber doch bemerkbar: Die zu diesem Zeitpunkt gesäten oder gesetzten Pflanzen neigen zum Schießen oder zu verkrüppeltem Wuchs. An Peri- und Apogäum dürfen Sie also ruhig einmal ganz entspannt in Ihrer grünen Oase sitzen und diese einfach nur geniessen!

Die richtige Einteilung der Pflanzen

Die Bedeutung der vier Elemente wurde auf Seite 15 bereits angesprochen. Maria Thun fand in jahrzehntelangen praktischen Versuchen heraus, dass zwischen den Elementen und bestimmten Pflanzenorganen enge Beziehungen bestehen: Die Wurzeln gehören zum Element Erde (Tierkreisbilder Stier, Jungfrau und Steinbock), das durch den Flüssigkeitsdruck gehaltene Blattwerk zum Wasser (Krebs, Skorpion und Fische), die sich dem Licht öffnenden Blüten zur Luft (Zwillinge, Waage und Wassermann) und die mit Energie gefüllten Früchte zum Feuer (Widder, Löwe und Schütze). Sie teilte dann alle Gewächse in vier Gruppen ein:

WURZELPFLANZEN

Zu ihnen zählen alle Gewächse, bei denen die Wurzel oder Knolle besondere Bedeutung hat.

- Zierpflanzen: -
- Nutzpflanzen: Zwiebeln, Knoblauch, Möhren, Wurzelpetersilie, Rüben, Rettich, Radieschen, Rote Bete, Knollensellerie, und -fenchel, Schwarzwurzeln, Kartoffeln.

BLATTPFLANZEN

Dazu gehören alle Gewächse, bei denen die Blätter besonders wichtig sind, die nicht blühen oder nur ganz unscheinbare Blütchen ausbilden:

- Zierpflanzen: Harfenstrauch, Kreuzkraut, Japanischer Hopfen, Wilder Wein, Gräser, Immergrüne wie Efeu, Buchs, Koniferen.
- Nutzpflanzen: Blattsalate, Kopfsalate, Kohl, Blumenkohl, Spinat, Mangold, Lauch, Spargel, alle Blattkräuter wie Petersilie.

BLÜTENPFLANZEN

Zu ihnen zählen alle Gewächse, die zahlreiche Blüten ausbilden, also alle unsere Garten- und Balkonblumen:

- Zierpflanzen: Ein- und zweijährige Sommerblumen, blühende Kübelpflanzen, ausdauernde Blütenstauden, Zwiebelblumen wie Tulpen, Narzissen, Hyazinthen, Krokus, Schneeglöckchen und Knollenpflanzen wie Dahlien und Ranunkeln, blühende Ziergehölze.
- Nutzpflanzen: Brokkoli, Artischocke, alle Blütenkräuter wie Kamille.

FRUCHTPFLANZEN

Dazu gehören alle Gewächse, an denen meist nahrhafte Früchte reifen können, also alle unsere beliebten Fruchtgemüse, alles Kern-, Stein- und Beerenobst:

- Zierpflanzen: Zierkürbis, Feuerdorn.
- Nutzpflanzen: Tomaten, Zucchini, Paprika, Bohnen, Erbsen, Gurken, Kürbis, Andenbeere, alle Obst- und Beerenarten wie Äpfel, Birnen, Kirschen und Erdbeeren, Zitronen- und Orangenbäumchen, Feige, Kiwi, Olivenbäumchen, Hasel- und Walnüsse.

Die Kräfte der Tierkreisbilder

Wie bereits auf Seite 15 erwähnt, können auch die Tierkreisbilder ebenso wie die Pflanzenorgane bestimmten Elementen zugeordnet werden. Wie wir schon bei der Erklärung des Begriffes auf- und absteigender Mond gelernt haben, bewegt sich der Mond am Firmament vom Sternbild Schütze aus aufsteigend über Steinbock, Wassermann, Fische, Widder und Stier bis zu den Zwillingen. Dort hat er seine nördliche Höchststellung und einen Wendepunkt. Er steigt dann über Krebs, Löwe, Jungfrau, Waage und Skorpion wieder ab bis zum Schützen, wo er seine südliche Tiefststellung und wieder einen Wendepunkt hat. Die auf der nächsten Seite folgende Übersicht fasst dies alles noch einmal zusammen und listet gleichzeitig auch die zugeordneten Elemente und Pflanzenorgane auf.

Die günstigen Tage

Jeden Tag steht der Mond vor einem ganz bestimmten Tierkreisbild. Im Mondkalender ab Seite 65 finden Sie für die nächsten fünf Jahre angegeben, welches dies genau sein wird.

Wie die unten stehende Übersicht verdeutlicht, ist jedes Tierkreisbild wiederum einem bestimmten Pflanzenorgan zugeordnet und kann seine Entwicklung besonders begünstigen – wenn nicht gerade eine ungünstige Mondkonstellation wie ein auf- und absteigender Mondknoten, ein Apo- oder Perigäum vorliegt. Hier folgen nun die vier verschiedenen „Tag-Typen“:

WURZELTAGE

An Wurzeltagen geht der Mond vor den dem Element Erde zugeordneten Tierkreisbildern Steinbock, Jungfrau oder Stier vorbei. Ihre Kräfte unterstützen die Wurzelbildung, eine gute Zeit also, bei absteigendem Mond alle Wurzelpflanzen zu säen, zu setzen oder zu ernten. Unkraut wird besonders vorteilhaft im Sternbild Steinbock (aufsteigender Mond) gejätet. Jungfrauentage (absteigender Mond) können gut zum Gießen und Umtopfen von Balkon- und Terrassenpflanzen genutzt werden. An Stiertagen (aufsteigender Mond) ist es günstig, die Pflanzen zu düngen, den Komposthaufen anzulegen und Schädlinge zu bekämpfen.

Die Kräfte der Tierkreisbilder

Tierkreisbild	Element	Pflanzenorgan	Mond
Schütze	Feuer	Frucht	ab- und aufsteigend
Steinbock	Erde	Wurzel	aufsteigend
Wassermann	Luft	Blüte	aufsteigend
Fische	Wasser	Blatt	aufsteigend
Widder	Feuer	Frucht	aufsteigend
Stier	Erde	Wurzel	aufsteigend
Zwillinge	Luft	Blüte	auf- und absteigend
Krebs	Wasser	Blatt	absteigend
Löwe	Feuer	Frucht	absteigend
Jungfrau	Erde	Wurzel	absteigend
Waage	Luft	Blüte	absteigend
Skorpion	Wasser	Blatt	absteigend

BLATTTAGE

An Blatttagen passiert der Mond die dem Element Wasser zugehörigen Sternbilder Fische, Krebs oder Skorpion. Säen, pflanzen und pflegen Sie an Blatttagen bei aufsteigendem Mond alle Blattpflanzen. Fischetage (aufsteigender Mond) sind gut dazu geeignet, Wasserpflanzen zu setzen. An Krebstagen (absteigender Mond) können Sie Ihre Pflanzen besonders vorteilhaft wässern und gießen. Skorpiontage (absteigender Mond) sind gut geeignet für den Schnitt von Pflanzen.

BLÜTENTAGE

An Blütentagen läuft der Mond vor den dem Element Luft zugeordneten Tierkreisbildern Wassermann, Zwillinge und Waage vorbei. Bei aufsteigendem Mond ist das jetzt der günstigste Zeitpunkt, Blütenpflanzen zu säen und zu pflegen. Als Ausnahmen bei den Gemüsen sollten übrigens Brokkoli und Artischocken an Blütentagen gesät und geerntet werden, da von ihnen ja die Blütenknospen Verwendung finden. An Blütentagen bei aufsteigendem Mond (Sternbilder Wassermann und Zwillinge) bleiben geschnittene Blumen länger in der Vase frisch und verbreiten einen intensiveren Duft. Trockenblumen behalten Ihre ganze Leuchtkraft, wenn sie an solchen Terminen geschnitten werden. Das Sternbild Waage (absteigender Mond) ist sehr ausgleichend, deshalb wirken sich die meisten Gartenarbeiten an diesen Tagen weder positiv noch negativ aus. Günstig sind dann Maßnahmen, die Ihr grünes Paradies allgemein verschönern.

FRUCHTTAGE

An Fruchttagen passiert der Mond die dem Element Feuer zugeordneten Sternbilder Schütze, Widder und Löwe. Sie eignen sich bei aufsteigendem Mond gut zur Aussaat, Pflanzung, Pflege und Ernte von Fruchtpflanzen. Im Zeichen Schütze (aufsteigender Mond) säen Sie besonders vorteilhaft alle hochrankenden Gemüse wie zum Beispiel Buschbohnen. Zum Trocknen bestimmte Heil- und Küchenkräuter sammeln Sie an einem Löwetag (absteigender Mond). Einen günstigen Zeitpunkt für den Stecklingsschnitt bei Beerenobst haben Sie im Tierkreissternbild Widder (aufsteigender Mond).

Blattkräuter und Blütenpflanzen bilden je eine Gruppe, für die es besonders günstige Tage gibt.

Was Sie außer dem Mond noch beachten sollten

Die Mondregeln helfen Ihnen, ein kleines grünes Paradies auf dem Balkon, der Terrasse oder im Garten zu schaffen. Neben dem Mond wirken aber noch andere Einflüsse auf die Pflanzen, die berücksichtigt werden müssen, wenn sie wirklich gut gedeihen sollen. Wenn der Boden gefroren ist, kann zum Beispiel nicht gesät werden. Und es ist ebenso wenig ratsam, bei Sommerhitze die schon leicht welken Balkonpflanzen nicht sofort zu gießen, weil der dafür ideale Zeitpunkt erst in zwei Tagen im Mondkalender steht.

Verjage die Natur
mit der Mistgabel,
sie kehrt doch wieder.
Horaz

Gärtnern im Einklang mit der Natur

Pflanzen sind Lebewesen mit Grundbedürfnissen, die befriedigt werden müssen, wenn sie prächtig gedeihen sollen. Sie brauchen Nahrung und günstige Umweltbedingungen. Der Fachmann spricht von so genannten Wachstumsfaktoren, die der Pflanze ausreichend zur Verfügung stehen sollen:

- Wasser. Es hält den Stoffwechsel der Pflanzen aufrecht, das Gewebe straff, transportiert gelöste Nährstoffe von den Wurzeln bis ins letzte Blättchen und kann an heißen Tagen durch Verdunstung für Kühlung sorgen.
- Nährstoffe. Die Pflanze nimmt über die Erde im Garten oder im Gefäß gewisse Substanzen auf, die sie für ihren Stoffwechsel braucht. Man unterscheidet die Hauptnährstoffe Stickstoff, Phosphor, Kalium, Magnesium und Kalzium, die die Pflanze in größeren Mengen benötigt. Geringe Dosen braucht sie von so genannten Spurenelementen wie zum Beispiel Eisen.
- Licht. Pflanzen nutzen die Energie des Lichts, um mit Hilfe der Fotosynthese aus Wasser und dem Kohlendioxyd der Luft Zucker und Stärke herzustellen. Diese Stoffe brauchen sie, um zu wachsen und zu gedeihen.
- Luft. Pflanzen brauchen Sauerstoff aus der Luft, für die Fotosynthese (s.o.).
- Temperatur. Die Pflanzen fühlen sich bei einer bestimmten Temperatur am wohlsten, ist sie zu hoch, droht ihnen ein Hitzeschock, ist sie zu niedrig, werden sie erfrieren.

DER RICHTIGE STANDORT

Bevor Sie eine Pflanze oder Saatgut kaufen, sollten Sie sich zuerst vergewissern, ob Sie dem Gewächs daheim auch passende Bedingungen bieten können. Das können Sie in Büchern nachlesen oder beim Gärtner erfragen. Für genügend Wasser, Nährstoffe und Luft sorgen Sie selbst. Aber reichen am vorgesehenen Standort Licht und Temperatur aus? Es gibt Pflanzen mit ganz unterschiedlichen Ansprüchen: Die einen wollen volle Sonne und hohe Temperaturen, die anderen Schatten und Kühle. Am falschen Standort müssen sie mühsam aufgepäppelt werden oder gehen sogar ganz ein. Deshalb lohnt es, sich vor dem Kauf erst einmal zu informieren.

DIE ROLLE DER PFLANZEN-ERDE

Die Erde gibt den Wurzeln nicht nur Halt, aus ihr entnehmen sie auch Wasser und Nährstoffe. Beide Wachstumsfaktoren müssen durch Gießen und Düngen immer wieder nachgeliefert werden. Ein guter Boden setzt sich aus Humus und Mineralstoffen zusammen und bietet vielen Bodenlebewesen gute Bedingungen, die ihn fruchtbar und locker halten. Im Garten können Sie viel zur Bodenverbesserung beitragen, wenn Sie Kompost oder organische Dünger einarbeiten. Für Gefäße kaufen Sie spezielle Erdmischungen und Dünger.

DIE LEBENSFORMEN DER PFLANZEN

Pflanzen können ganz unterschiedlich lange leben. Wollen Sie nur in der warmen Jahreszeit auf dem Balkon etwas Blühendes haben – oder suchen Sie eine Dauerbepflanzung für das kleine Gärtlein? Für die richtige Pflanzenwahl ist wichtig, folgendes zu wissen:

- Einjährige. Diese Pflanzen blühen, fruchten und versamen sich im Jahr der Aussaat, dann sterben sie ab. Sie wachsen rasch heran und setzen überall bunte Farbtupfer, ein Überwintern entfällt hier praktischerweise.
- Zweijährige. Die Pflanzen werden erst im Juli/August gesät und entwickeln sich bis zum Herbst zu Jungpflanzen, die überwintern. Im zweiten Jahr blühen sie und bilden Samen, dann sterben sie ab.
- Stauden. Die Pflanzen sind mehrjährig, ihre oberirdischen Teile sterben jedoch spätestens nach den ersten Frösten ab. Aus den Wurzeln treiben sie aber in jedem Frühjahr wieder aus. Zu dieser Gruppe gehören auch die Zwiebel- und Knollenpflanzen mit ihren verdickten unterirdischen Speicherorganen, also auch die beliebten Frühjahrsblüher Tulpen, Krokusse und Narzissen.

Wenn es so üppig wie hier blühen soll, brauchen die Pflanzen ausreichend Wasser, Nahrung, Licht und Wärme.

- Gehölze. Diese Pflanzen bilden ein beständiges, verholzendes Gerüst, zu ihnen gehören Sträucher und Bäume. Man unterscheidet noch Laub abwerfende Gehölze wie unsere Obstbäume und immergrüne Arten wie den Buchs.

Gärtnerische Arbeiten

Wählen Sie für alle Arbeiten die Termine nicht ausschließlich nach dem Mondkalender: Es sollte zusätzlich die passende Witterung herrschen. Bei der Aussaat richten Sie sich auch nach den Saatzeiten, die auf jeder Samentüte vermerkt sind. So werden die Zweijährigen zum Beispiel erst im Sommer gesät. Die Haupt-Pflanzzeiten sind im Frühjahr und Herbst. So genannte Container-Pflanzen können aber das ganze Jahr über gesetzt werden.

BODEN BEARBEITEN UND VERBESSERN

Im Garten wird vor Aussaat und Pflanzung sowie zur besseren Belüftung der Boden mit Hacke oder Sauzahn gelockert. Führen Sie diese Arbeit nur bei gut abgetrocknetem Boden durch, denn Sie plagen sich sonst unnötig und werden außerdem noch sehr schmutzig. Bei dieser Gelegenheit können Sie den Boden auch gleich mit Kompost verbessern:

- Kompost. Beim Kompostieren werden organische Abfälle in nahrhaften Humus umgewandelt. Gartenbesitzer sollten nach Möglichkeit einen Komposthaufen anlegen oder im gekauften Silo kompostieren. Das ist auch für Anfänger nicht schwer. Suchen Sie einen Platz, der vom Haus aus gut erreichbar ist. Eine ideale Grundlage sind zerkleinerte Zweige. Geben Sie darauf, was an kompostierbarem Material in Garten und Küche so anfällt. Dabei sollten die einzelnen Schichten nicht zu dicht werden. Mischen Sie zum Beispiel schwere Bestandteile wie Rasenschnitt mit leichteren wie Stroh. Ein so genannter Kompoststarter bringt die Verrottungsvorgänge in Gang. Es dauert etwa ein Jahr, bis der Kompost reif ist und Ihrem Gartenboden, aber auch den in Gefäßen gezogenen Pflanzen Fruchtbarkeit spenden kann.

GIESSEN

Sie müssen nicht ständig mit wohl gefüllter Gießkanne von Pflanze zu Pflanze hetzen: Während der Ruhezeit brauchen Gewächse weniger Wasser als in der Wachstumsphase, an dunklen, feuchten Standorten weniger als an sonnigen, trockenen. Einen guten Anhaltspunkt gibt Ihnen das Aussehen der Erde um den Wurzelballen. Ist sie gräulich-trocke oder gar rissig, wird es höchste Zeit fürs Gießen. Sie können im Zweifelsfalle auch etwas mit dem Finger in die Erde bohren, um die Feuchtigkeit zu beurteilen. Wenn die Pflanze bereits Blätter oder Triebe hängen lässt, ist es höchste Zeit fürs Gießen. Topfpflanzen tauchen Sie dann am besten. Folgende Punkte sind noch wichtig:

- Verwenden Sie nicht zu kalkhaltiges, möglichst lauwarmes Wasser.
- Gießen Sie nie direkt auf Blätter oder Blüten und auch nicht bei praller Sonne, das gibt Brennflecken.

● Leeren Sie bei Topfpflanzen volle Untersetzer aus, damit die Pflanze nicht tagelang „nasse Füße“ hat.

DÜNGEN

Pflanzen brauchen während der Wachstumszeit regelmäßig Nährstoffe, besonders die in Gefäßen gezogenen. Verwenden Sie hierfür möglichst organische Dünger, die es oft in speziellen Zusammenstellungen ganz nach den Bedürfnissen der Arten gibt. Erhältlich sind auch langsam wirkende Vorratsdünger, die vor dem Einsetzen unter die Erde gemischt werden und die Pflanzen für mehrere Monate mit Nährstoffen versorgen. Halten Sie sich immer an die auf der Verpackung empfohlene Dosierung. Allgemein gilt:

● Düngen Sie nie Pflanzen mit trockenem Wurzelballen, weil die Nährstoffe die Wurzeln verbrennen könnten. Dann zuerst gut gießen und mit der Düngung noch etwas warten.

● Frisch umgesetzte Pflanzen für die ersten sechs Wochen nicht düngen, bis sie gut eingewurzelt sind. Erst dann können sie die Nährstoffe auch aufnehmen.

● Während der Ruhezeit die Pflanzen nicht düngen, sie brauchen es jetzt nicht.

UMTOPFEN

Topfpflanzen haben nur eine begrenzte Menge an Erde zur Verfügung, die sie nach und nach völlig durchwachsen. Wenn die Wurzeln bereits unten durch das Wasserabszugsloch herausschauen, wird es Zeit, der Pflanze einen größeren Topf mit frischer Erde zu gönnen. Sie kann sich sonst nicht weiterentwickeln, und ihr Wachstum bleibt stehen. Oft wird das Umtopfen jedes Frühjahr fällig. Die einzelnen Handgriffe finden Sie auf Seite 36.

Pflegefehler

Wenn einer Pflanze irgendetwas fehlt oder „nicht passt“, gibt Sie Ihnen bestimmte Zeichen. Wenn Sie diese verstehen und Abhilfe schaffen, kommt meist rasch alles wieder ins Lot.

- **Schlaffe Blätter und Triebe. Die Pflanze schreit nach Wasser! Sofort gießen, Topfpflanzen ein ausgiebiges Tauchbad gönnen.**
- **Abfallende Blätter. Wenn dies mitten im Sommer bei Topfpflanzen auftritt, haben Sie wahrscheinlich zu viel gegossen und die Wurzeln leiden unter Nässe. Gießen Sie weniger. Hilfreich ist auch ein Umtopfen, wobei Sie angefaulte Wurzeln abschneiden sollen.**
- **Gelbgrüne Blätter mit grünen Adern. Ein Hilferuf der Pflanzen nach mehr Eisen! Sie können spezielle Eisendünger kaufen, die rasch wirken.**
- **Braune Flecken auf Blättern. Sehr wahrscheinlich sind es Brennflecken. Rücken Sie die Pflanze aus der prallen Sonne oder beschatten Sie sie.**
- **Braune Blattränder. Entweder ist zu trockene Luft die Ursache oder eine zu hohe Düngergabe. Erhöhen Sie die Luftfeuchtigkeit zum Beispiel durch regelmäßiges Besprühen. Düngen Sie weniger und nehmen Sie organische Dünger, die sanfter wirken.**

Ihr persönliches Pflanzenporträt – die Sterne helfen bei der Auswahl

Wir haben uns jetzt lange mit den Tierkreisbildern beschäftigt. Machen wir nach so viel Astronomie doch einen kleinen Abstecher zu den Tierkreiszeichen der Astrologen! Diesen werden bestimmte Eigenschaften zugeschrieben, man spricht zum Beispiel vom impulsiven Widder oder von der besonnenen Jungfrau. Jedes Tierkreiszeichen steht ebenfalls in enger Beziehung zu einem der Vier Elemente und damit auch zu ganz bestimmten Pflanzen. Jedes hat eine andere Vorstellung vom grünen Paradies – und auch davon, wie es zu pflegen sein soll. Lassen Sie sich einmal überraschen, was bei Ihrem Tierkreiszeichen steht!

Blumen sind an jedem Weg zu finden. Doch nicht jeder weiß den Kranz zu winden.
Anastasius Grün

WIDDER 21.03.–19.04.

Sein Element ist das Feuer, er kann sich mit viel Energie dem Garten widmen – nur manchmal fehlt es ihm etwas an Geduld. Ideal sind für ihn kräftige Zierpflanzen in Feuerfarben wie Geranien und Mohn. Im Nutzgarten liebt er es pikant und kultiviert Stachelbeeren, Paprika und Estragon.

STIER 20.04.–20.05.

Stiere sind dem Element Erde zugeordnet – also erdverbunden – und sie wühlen auch mit Vergnügen im Garten herum. Ihr grünes Paradies soll aufgeräumt und gemütlich sein. Sie lieben alles Blühende und besonders den Flieder, aber auch das Maiglöckchen, das ihre genießerische Seite symbolisiert. Bei Obst und Gemüse mögen sie es herzhaft und ziehen Äpfel, Rote Bete oder Kresse.

ZWILLINGE 21.05.–21.06.

Luft ist ihr Element, doch schweben sie nicht auf Wolken, sondern sind vielseitig und unkompliziert. Ihr Traumgarten ist bunt und formenreich – aber möglichst pflegeleicht. Zwillinge lieben die robusten Glockenblumen und Margeriten, sie wählen als Nutzpflanzen Kirschen, Brokkoli und Minze.

KREBS 22.06–22.07.

Der Krebs ist dem Element Wasser zugeordnet, romantisch und pflegt voller Hingabe seinen Garten. Er zieht sich aber auch gerne zurück, liebt Hecken und Kletterpflanzen, die Sichtschutz bieten. Seine Lieblingsblumen sind Heckenrosen und Veilchen, aber er hätte auch gerne einen Mini-Teich mit Seerosen. Bei den nahrhaften Arten bevorzugt er Salat, Melonen und Kamille.

LÖWE 23.07.–22.08.

Feuer ist des Löwen Element und der Garten des „Königs der Tiere" soll möglichst prächtig sein – wobei er durchaus eingesehen werden darf. Die Arbeiten überlässt er jedoch lieber den „Untertanen" … Seine Lieblingspflanzen sind Rosen in allen

Farben und Duftnoten sowie Sonnenblumen. Bei den Nutzpflanzen mag er es exklusiv und wählt Orangen, Artischocken und Rosmarin.

JUNGFRAU 23.08.–22.09.

Die Jungfrau ist dem Element Erde zugeordnet und für die Gartenarbeit geradezu geboren. Ihr grünes Reich ist durchdacht geplant, unkompliziert und natürlich bestens „in Schuss". Zu ihren favorisierten Blumen gehören Strohblumen und Astern. Ihr Lieblingsobst sind Mirabellen, sie zieht auch gerne Kartoffeln und aromatische Kräuter wie Dill und Kümmel.

WAAGE 23.09.–23.10.

Die Waage gehört zum Element Luft, liebt Harmonie und Ästhetik. Ihr Garten ist raffiniert und attraktiv – wobei sie die Arbeit ebenfalls gerne anderen überlässt. Sie bevorzugt Schwertlilien und duftenden Jasmin. Als Nutzpflanzen liebt sie besonders Pfirsich, Artischocken und Lavendel.

SKORPION 24.10.–21.11.

Skorpione sind wieder Vertreter des Wasser-Elements, sie lieben alles Urwüchsige und Unerforschte. Ihr Garten hat oft noch naturnahe Bereiche, in ihm kommen auch manche giftigen oder stacheligen Gewächse vor. Skorpione experimentieren so lange, bis ihnen ihr grünes Paradies wirklich gefällt. Sie lieben Tulpen und Orchideen, ziehen auch gerne Feigen, Rettiche, Zwiebeln und sogar Brunnenkresse.

SCHÜTZE 22.11.–21.12.

Die dem Feuer zugeordneten Schützen sind begeisterungsfähig und weltoffen. Sie lieben die Natur, überlassen die Gartenarbeit aber lieber anderen – und stören sich nicht an Unkraut. Schützen bevorzugen Gladiolen oder kleine Sträucher wie Rhododendren. Unter den Nutzpflanzen lieben sie Kiwi, Auberginen und Thymian.

STEINBOCK 22.12.–19.01.

Die erdverbundenen Steinböcke sind sparsam, fleißig und gründlich. In ihrem Garten dominieren Rasen, Gehölze und Bodendecker, Unkraut hat bei ihnen keine Chance. Ihre Lieblingsblumen sind Enzian und Edelweiß, bei den Nutzpflanzen Nüsse und Schwarzwurzeln.

WASSERMANN 20.01.–19.02.

Der Wassermann gehört zum Element Luft, ist unkonventionell und erfindungsreich. Sein Garten hat einen individuellen Charakter, er lässt jedoch vieles wuchern, weil er nur wenig Zeit für die Pflege aufbringen will. Er bevorzugt Immergrün und Strelitzie, Chicorée und Lorbeer.

FISCHE 20.02.–20.03.

Das Wasser-Zeichen Fische ist in seinem Wesen einfühlsam und hingebungsvoll. Sein Garten wirkt verträumt, das i-Tüpfelchen jedoch wäre ein Teich oder Quellstein. Fische lieben Fuchsien, Hibiskus und Mimosen, bei den nahrhaften Arten zählen Chinakohl und Oregano zu den Favoriten.

Erfolgreich

MONDGÄRTNERN

Ein ruhiger Blick, eine stille Konsequenz,
in jeder Jahreszeit, in jeder Stunde
das ganze Gehörige zu tun, wird vielleicht
von niemandem mehr als vom Gärtner verlangt.

Johann Wolfgang von Goethe

Pflanzen und Pflegen mit dem Mond

Grau ist alle Theorie – jetzt geht es daran, sie in die Praxis umzusetzen. Sie werden sehen, es ist gar nicht so schwer und kann sogar ganz schön Spaß machen! In diesem Kapitel finden Sie viele Anregungen, wie Sie nicht nur einen „mond-inspirierten" Garten sondern auch auf Balkon und Terrasse ein blühendes Paradies schaffen können.

DEN PLATZ GESCHICKT NUTZEN

In kleinen Gärten, aber natürlich besonders auf der Terrasse und dem Balkon kommt es darauf an, die begrenzte Fläche optimal zu nutzen. Setzen Sie sich doch einmal gemütlich in Ihre grüne Oase und lassen Sie den Blick nach oben schweifen – wie wenn er von den sanften Strahlen des Mondes geleitet wäre: Haben bei Ihnen die Pflanzen bereits den „Luftraum erobert"?

- Im Garten nutzen Sie diesen, indem Sie zum Beispiel in ein Beet noch Hochstämmchen setzen. Sie können ganz nach Geschmack wählen zwischen Zierpflanzen wie Rosen oder nahrhaften Arten wie kleinwüchsigen Obstbäumen oder Beerensträuchern. Sie haben auch die Möglichkeit, Kletterpflanzen an Mauern, Rankgerüsten oder Bögen hochwachsen zu lassen. Das gewährt oft sehr nötigen Sichtschutz und unterteilt den Garten in mehrere größer erscheinende „Räume".
- Auf der Terrasse bedienen Sie sich der dritten Dimension mit Hilfe von Gefäßen wie dem so genannten Erdbeertopf, in dessen Öffnungen vielerlei Pflanzen auf unterschiedlichen „Etagen" gezogen werden. Sogar Sichtschutz mit Hilfe von Kletterpflanzen ist hier ebenfalls möglich. Sie können die Pflanzen selbst an einem Klettergerüst hochwachsen lassen, das in einem Pflanzkasten befestigt ist.

Mit Hilfe von Kletterpflanzen wie den Rosen kann auch auf kleinstem Raum Blütenfülle geschaffen werden.

● Auf dem Balkon können Sie nicht nur auf der Brüstung Balkonkästen anbringen, sondern auch außen und innen noch Töpfe aufhängen. Oder erwerben Sie Gefäße, die an der Wand aufgehängt, und Ampeln, die an der Decke befestigt werden.

DIE PFLANZEN ÜBERLEGT WÄHLEN

Die einzelnen Gewächse können dank ihrer Eigenschaften ganz bestimmte Funktionen im Garten, auf Balkon und Terrasse erfüllen. Bevor Sie an den Pflanzenkauf gehen, ist es nicht schlecht, sich darüber zu informieren:

● Immergrüne Gehölze (Erklärungen hierzu → Seite 24) wie Buchs und Wacholder bilden das dauerhafte „Gerüst“ im Garten. Selbst im tiefsten Winter behalten sie die immer gleiche Gestalt. Ihre grüne Farbe erinnert daran, dass sich schon in wenigen Monaten die Natur wieder regen wird.

● Laub abwerfende Gehölze wie Rosen und Wilder Wein prägen den Garten ebenso, verändern aber deutlich ihr Aussehen: Im Winter sind ihre kahlen Äste oft ein malerischer Anblick, wir lieben später das zarte Grün, wenn sie endlich wieder austreiben. Viele erfreuen uns dann noch mit Herbstfarben, bevor sie das Laub wieder abwerfen. Dazu lassen diese Gehölze im Winter viel Sonne herein, im Sommer liefern sie wohltuenden Schatten.

● Stauden melden sich nur während ihrer Vegetationsperiode mit Blättern und Blüten zu Wort, im Herbst ziehen sie ein. Zu dieser Gruppe gehören Zierpflanzen wie Phlox, die in Beeten und Rabatten den Ton angeben. Viele sind sehr pflegeleicht und können lange Jahre mit ihren Blüten erfreuen. Andere wachsen im Lauf der Jahre immer schwächer. Sie müssen dann ausgegraben, geteilt und wieder in gute Erde gepflanzt werden (→ Seite 35). Ebenfalls zu den Stauden gehören die Zwiebel- und Knollenpflanzen. Unsere wichtigsten Frühjahrsblüher zählen zu dieser Gruppe wie Krokus, Tulpe und Narzisse. Diese müssen alle im Herbst gepflanzt werden (→ Seite 35).

● Ein- und Zweijährige sind die kurzlebigsten Vertreter im Pflanzenreich. Viele blühen aber in der kurzen ihnen verbleibenden Zeit umso üppiger. Die so genannten Sommerblumen lassen sich meist leicht aussäen, und es gibt sie auch preiswert zu kaufen. Man kann sie sehr gut dafür verwenden, um Lücken zwischen ausdauernden Gewächsen zu schließen oder Gefäße zu bepflanzen, die im Herbst einfach wieder geleert werden.

● Balkonpflanzen können aus allen oben aufgeführten Gruppen stammen. Die beliebtesten klassischen Balkonblumen sind Pelargonien, Petunien, Fuchsien, Begonien und Pantoffelblumen. Oft werden sie nur einjährig kultiviert, obwohl etliche wie die Pelargonien auch im Haus überwintert werden können – aber nicht jeder hat schon aus Platzgründen die Möglichkeit dazu.

● Kübelpflanzen sind Gehölze und Stauden aus tropischen und subtropischen Regionen. Sie bringen mediterranes Flair auf unsere Terrassen. Fast alle sind mehrjährig, würden aber unsere kalten Winter im Freien nicht überstehen. Deshalb müssen sie im Haus überwintert werden.

Auf Balkon, Terrasse und im Garten blüht uns was

Den preiswertesten Weg zum grünen Paradies schlagen Sie ein, wenn Sie die Zierpflanzen selbst vermehren. Es gibt dabei grundsätzlich zwei Möglichkeiten: Viele Arten und vor allem Sommerblumen (→ Seite 31) wie Tagetes lassen sich durch Aussaat heranziehen, der Fachmann nennt dies generative Vermehrung. Bei ausdauernden Gewächsen wie Efeu können Sie Triebe bewurzeln lassen oder auch beispielsweise bei Phlox alte Pflanzen teilen, der Gärtner nennt dies vegetative Vermehrung. Die so gewonnen Pflanzen haben genau die Eigenschaften der Mutterpflanzen, während es bei der Vermehrung durch Aussaat zu Abweichungen kommen kann, weil sich im Samen die Gene von zwei Elternpflanzen mischen. Wenn Sie etwa von Akeleien selbst geernteten Samen säen, bekommen Sie vielleicht ganz neue, überraschende Farbzusammenstellungen!

TIPP

Viele Pflanzen haben sehr feine Samen, wenn Sie diese säen, entstehen gerne so genannte „Wolken“: Die Keimlinge gehen in dichten Büscheln auf und dazwischen sind wieder fast unbewachsene Lücken. Während Wolken am Himmel sehr romantisch sein können, wirken sie in der Saatkiste oder im Beet wenig vorteilhaft: Unter der Erde kämpfen die Wurzeln der Keimlinge dicht an dicht um Nahrung, über der Erde konkurrieren sie um das Licht und bilden dabei immer längere Stielchen aus, die leicht umfallen. Sie können „Wolken“ aber ganz einfach vermeiden, indem Sie feinen Sand unter die Samen mischen, dann fallen die Saatkörnchen von selbst mit größerem Abstand.

Vermehren und Pflanzen

AUSSAAT-EINMALEINS

Für ein gutes Gelingen Ihrer Aussaat sollten Sie sich auch der Unterstützung des Mondes versichern. Säen Sie alles oberirdisch Wachsende, also alle Zierpflanzen, bei zunehmendem Mond aus. Hier wird noch feiner unterschieden:

- Für Blütenpflanzen, also die meisten Stauden und Sommerblumen wie Jungfer im Grünen, sind Blütentage im Sternbild Wassermann, Zwillinge oder Waage ideal.
- Für Blattpflanzen wie Buntnessel sind Blatttage ideal im Sternbild Fische, Krebs oder Skorpion.

Aber auch die Pflanzen selbst haben im Jahreslauf Zeitpunkte, an denen sie am erfolgreichsten gesät werden können: Einjährige und Stauden etwa im Frühjahr, Zweijährige im Sommer. Die Termine für die gängigsten Pflanzen finden Sie in der Tabelle auf Seite 48/49. Auch auf jeder Samentüte sind die

Saatmonate angegeben. Wenn Sie verschiedene Arten und Sorten säen, ist es übrigens ratsam, sie mit entsprechenden Etiketten oder den Samentüten zu kennzeichnen.

AUSSAAT IM HAUS

Frostempfindliche Pflanzen wie die meisten Sommerblumen werden im Haus vorgezogen. Sie brauchen hierfür geeignete Gefäße wie Saatkistchen, flache Schalen, Torfpresstöpfe oder auch einzelne Tontöpfe. Verwenden Sie am besten Aussaaterde, die überall im Fachhandel erhältlich ist. Füllen Sie dieses Substrat bis 2 cm unter die Oberkante des Gefäßes, glätten Sie es etwas und drücken Sie es leicht an. In Kisten oder Schalen streuen Sie feine Sämereien dünn und gleichmäßig über die Fläche. Bei größeren Samen können Sie in 1 bis 2 cm tiefe Rillen aussäen. Stets aber sollten Sie darauf achten, daß die Samen nicht zu dicht beieinander liegen. In Einzeltöpfe werden ein bis zwei Samen gesteckt. Über die Saat streuen Sie noch eine dünne Schicht Aussaaterde, dann gießen Sie die Gefäße vorsichtig und stellen Sie an einen warmen, hellen Ort.

PIKIEREN UND ABHÄRTEN

Die im Haus gezogenen Pflanzen sind sehr verwöhnt, sie müssen noch zu Kräften kommen und auf das raue Leben in der frischen Luft vorbereitet werden. Günstig ist es, die Sämlinge zu vereinzeln, sobald sie drei bis fünf Blätter gebildet haben, zum Beispiel durch Pikieren. Dabei werden die Pflänzchen einzeln in kleine Töpfe mit frischer Erde gesetzt. Gute Hilfe leistet dabei ein so genanntes Pikierholz, mit dem Sie das Pflanzloch bohren können. Achten Sie darauf, dass die Wurzeln gerade in dieses Loch gelangen. Dann die gesetzte Pflanze gut andrücken und angießen. Sie können anstatt zu Pikieren auch einfach nur die überzähligen, schwächeren Pflänzchen herausziehen. Bevor die Jungpflanzen ins Freie gesetzt werden, sollten Sie sie abhärten: Gewöhnen Sie sie tagsüber langsam an die Temperaturen im Freiland und auch an das Sonnenlicht.

Um schöne Blüten und aromatische Tees aus eigenem Anbau genießen zu können, muss erst einmal gesät und gepflanzt werden.

AUSSAAT IM FREILAND

Frostunempfindliche Arten können Sie ab März/April, – empfindliche nach den Eisheiligen, sowie Zweijährige im Sommer direkt ins Freiland säen. Als Erstes müssen Sie das Saatbeet umgraben, alles Unkraut entfernen und die Oberfläche eben harken. Sie können breitwürfig – aber wieder nicht zu dicht – über die ganze Fläche aussäen oder Saatrillen ziehen, die etwa dreimal so tief sein sollen wie der Durchmesser der Saat. Der Reihenabstand richtet sich nach der zu erwartenden Breite der Pflanzen. Hier finden Sie auch auf der Saattüte Angaben. Harken Sie dann bei der breitwürfigen Saat die Samen leicht ein oder drücken Sie die Saatrillen zu. Nun müssen Sie nur noch alles ganz vorsichtig überbrausen.

Alle Pflanzen – vom taufrischen Rasen bis zu den betörend duftenden Rosen – wollen richtig gepflegt werden.

VEGETATIV VERMEHREN

Neben der Aussaat haben Sie bei ausdauernden Arten noch die Möglichkeit, aus vorhandenen Pflanzen Nachwuchs zu ziehen. Günstig für die Wurzelbildung sind die Wurzeltage bei abnehmendem Mond im Sternbild Jungfrau, Steinbock oder Stier. Es gibt mehrere Methoden:

- Stecklinge. Schneiden Sie im Frühjahr oder Sommer bei Stauden und Gehölzen direkt unter einem Blattansatz etwa 10 cm lange Triebspitzen oder -teile ab, entfernen Sie die unteren Blätter und tauchen Sie das Ende in ein Bewurzelungspulver aus dem Fachhandel. Stecken Sie diesen Trieb in einen sauberen, mit spezieller Anzuchterde gefüllten Topf. Halten Sie die Stecklinge gleichmäßig feucht. Oft ist auch eine Abdeckung mit einer Folienhaube günstig.
- Absenker. Bei Gehölzen mit bodennahen Zweigen wie Rhododendren wird diese Methode angewandt. Nehmen Sie einen elastischen Zweig und verankern Sie ihn mit einem Haken so im Boden, dass die Triebspitze noch etwa 10 cm aus der Erde ragt. Sobald die ersten Wurzeln sichtbar sind, tren-

nen Sie den Zweig von der Mutterpflanze ab und setzen den Ableger am vorgesehenen Platz ein.

- Teilung. Sie ist eine gute Methode, um Stauden wie Phlox oder Herbstastern zu vermehren – aber auch, um sie von „Blühfaulheit" zu kurieren: Graben Sie die Pflanze mit Wurzelballen aus. Bei kleineren können Sie diesen nun vorsichtig mit den Händen auseinander ziehen, bei größeren machen Sie es mit dem Messer oder Spaten. Dann die Teile getrennt in gut mit Kompost vermischte Erde pflanzen und gut angießen.

PFLANZEN EINSETZEN

Eine gute Pflanzzeit ist bei absteigendem Mond (➔ Seite 13). Besonders üppige Blüten erhalten Sie jedoch, wenn Sie die Pflanzen bei zunehmendem Mond an einem Blütentag im Sternbild Zwillinge, Waage oder Wassermann setzen. Nach den letzten Spätfrösten, ab Mitte Mai, können auch empfindliche Arten ins Freie. Bereiten Sie zuerst das Pflanzloch vor, es soll im Durchmesser doppelt so groß sein wie die Wurzeln oder der Ballen und etwa um die Hälfte tiefer. Mischen Sie reichlich Kompost unter den Aushub. Vor dem Einsetzen sollten vor allem zugekaufte Pflanzen gut gewässert werden. Setzen Sie die Pflanzen genauso hoch, wie sie vorher im Gefäß oder Garten gestanden sind. Drücke Sie sie gut fest und gießen Sie sie gut ein.

- Die frühjahrsblühenden Blumenzwiebeln werden im Herbst gepflanzt. Der Zwiebelboden sollte dabei dreimal so tief gesetzt werden, wie die Zwiebel hoch ist. Nicht winterharte Knollenpflanzen wie Dahlien und Gladiolen kommen erst nach den Eisheiligen ins Freie, sie werden etwa 10 cm tief gepflanzt.
- Die Kästen und Kübel für Balkon und Terrasse bepflanzen Sie am besten gleich an Ort und Stelle (➔ Umtopfen Seite 36). Das ist einfacher, als die schweren, mit Erde gefüllten Gefäße noch weit zu transportieren.

GESTALTUNGS-EINMALEINS

Wenn Sie auf Balkon, Terrasse oder Beet Ihre Lieblingspflanzen kombinieren, sollen diese längere Zeit gut miteinander auskommen und nicht nur bei Mondschein etwas „hermachen". Um diese Ziele zu erreichen, gibt es einige einfache Regeln – Jungfrautage sind übrigens ideal für das Tüfteln an der Gestaltung:

- Setzen Sie in Beete oder Gefäße nur Pflanzen zusammen, die die gleichen Ansprüche an Gießen und Düngen, Licht und Temperatur haben.
- Spannung bekommt eine Kombination von Pflanzen durch Höhenstaffelung. Kann ein Beet oder ein Gefäß rundum betrachtet werden, setzen Sie die höchsten Pflanzen in die Mitte, die niedrigeren zum Rand hin. Liegen Sie jedoch zum Beispiel an einer Mauer, können Sie die höheren Pflanzen hinten platzieren, die niedrigsten vorne, mittelhohe dazwischen. Denken Sie auch daran, dass Zwiebelblumen wie Tulpen nach der Blüte einziehen und hässliche Lücken hinterlassen. Setzen Sie sie deshalb nicht in den Vordergrund.

● Interessante Kontraste bewirken Sie auch, wenn Sie verschiedene Wuchs-, Blüten- und Blattformen mischen.

● Mit Farben lassen sich viele Wirkungen erzielen, dabei will aber auch die Umgebung mit einbezogen werden: Kräftige Farben etwa strahlen gut vor hellen Wänden, helle kommen vor dunklen zum Leuchten. Bunte Kombinationen wirken schön vor einfarbigem Hintergrund, einfarbige „beruhigen" eine unruhige Umgebung. Die „Feuerfarben" von Gelb bis Rot „springen ins Auge" und können Balkon, Terrasse oder Garten optisch verkleinern. Umgekehrt wirken kühle Farben wie Grün und Blau, sie können kleine grüne Oasen zum Schein vergrößern.

Pflanzen richtig pflegen

GIESSEN

Das Gießen ist das A und O der Pflege (➔ Seite 24). Der ideale Zeitpunkt für die Wassergaben sind alle Blatttage im Sternbild Krebs, Skorpion und Fische bei abnehmendem Mond. Gut sind auch die Wurzeltage im Sternbild Stier, Jungfrau und Steinbock. An Blütentagen im Sternbild Zwillinge, Wassermann, Waage wird möglichst nicht gegossen, weil sich sonst gerne Blattläuse auf den Pflanzen ansiedeln (Schädlinge ➔ Seite 46). Gießen Sie immer so kräftig, dass das Wasser den Boden oder den Wurzelballen im Gefäß gut durchdringt. Vollgelaufene Untersetzer sollten Sie ausleeren.

DÜNGEN

Während der ganzen Vegetationsperiode bis etwa Ende August brauchen die Pflanzen auch Dünger, um ihre volle Pracht zu entwickeln (➔ Seite 25). Wenn Sie übrigens die Pflanzen noch länger mit zusätzlichen Nährstoffen versorgen, können sie nicht ausreifen und erfrieren womöglich im Winter. Die einzelnen Arten haben unterschiedliche Dünge-Ansprüche. Allgemein brauchen Pflanzen in gut mit Kompost und organischen Materialien angereicherter Gartenerde kaum zusätzliche Gaben, wohl aber in Gefäßen gezogene. Düngen Sie diese alle ein bis zwei Wochen bei Vollmond oder abnehmendem Mond an Blatttagen im Tierkreisbild Krebs, Skorpion oder Fische.

UMTOPFEN

Der ideale Zeitpunkt für einen Topfwechsel ist im Frühjahr oder Herbst, bei zunehmendem Mond an einem Jungfrau-Tag oder bei absteigendem Mond im Sternbild Zwillinge, Krebs, Löwe, Waage oder Skorpion. Mithilfe folgender Regeln werden Sie es richtig machen (➔ auch Seite 25):

● Wählen Sie einen mehrere Zentimeter breiteren Topf, damit die Pflanze reichlich neue Erde bekommt.

● Wird das Gefäß ohne Regenschutz im Freien stehen, sollten Sie zunächst auf den Topfboden eine Drainageschicht aus Tonscherben oder Blähton geben, damit die Pflanze nicht ständig mit „nassen Füßen" dasteht. Dadurch würden die Würzeln allmählich verfaulen.

- Hat die aus dem alten Topf gezogene Pflanze einen verfilzten Wurzelballen, sollten Sie ihn mit den Fingern vorsichtig etwas lockern. Zu lange Wurzeln können Sie kürzen.
- Setzen Sie die Pflanze in frische Erde in die Mitte des Topfes, drücken Sie sie etwas an und gießen Sie sie reichlich.
- Bei älteren Pflanzen kommt es aus Platzgründen oft nicht mehr in Frage, sie in einen noch größeren Topf umzusetzen. Sie brauchen aber dennoch von Zeit zu Zeit frische Erde. In diesem Fall topfen Sie die Pflanze aus und verkleinern den Wurzelballen mit einem scharfen Messer rundum um 2–3 cm. Reinigen Sie den alten Topf und setzen Sie den Wurzelballen mit frischer Erde wieder hinein. Damit die Pflanze nach dieser Prozedur wieder leichter ins Gleichgewicht kommen kann, sollten Sie auch die oberirdische Triebe etwas stutzen.

SCHNEIDEN UND MÄHEN

Durch Schneiden wächst eine Pflanze buschiger und altert nicht so schnell. Oft wird auch geschnitten, um einer Pflanze wie einer Buchskugel oder einer Hecke eine bestimmte Form zu geben.

- Die Mehrzahl der Stauden und Gehölze werden während der Ruhezeit im Winter oder zeitigen Frühjahr geschnitten. Bei Hecken kann dies auch Ende Juni erfolgen. Die beste Gelegenheit ist immer bei abnehmendem Mond.
- Sind Ihre Pflanzen von Schädlingen befallen oder krank, schneiden Sie sie am besten bei Neumond oder bei abnehmendem Mond kurz vor Neumond.

TIPP

Sie können den Mond sogar immer in Ihrer grünen Oase „scheinen“ lassen: Es gibt nämlich wunderbare Garten-Accessoires, aber auch schmückende Gegenstände für Töpfe und Kästen mit dem Abbild des Nachtgestirns. Darunter sind vielerlei hübsche Halbmonde aus Keramik, bemaltem Holz oder Metall, die auf Stäben in den Boden oder die Erde von Gefäßen gesteckt werden. Auch kleine und große Windspiele mit Sonne, Mond und Sternen sind im Handel erhältlich. Oft können sie auch die wahrsten „Sphärenklänge“ von sich geben. Oder Sie wählen vielleicht für die Kissen oder Tischdekken einen Stoff mit Halbmonden? Wenn Sie keinen passenden finden, können Sie ein einfarbiges Gewebe auch selbst mit Mond-Motiven bedrucken oder Ihre Tontöpfe damit pfiffig verschönern (→ Seite 60). Und sogar für kulinarische Mondgenüsse wie einen blauen „Mondschein-Cocktail“ finden Sie hier Anregungen (→ Seite 53).

- Beim Rasenmähen haben Sie die Qual der Wahl: Wenn Sie wollen, dass er kräftiger und schneller wächst, mähen Sie ihn bei zunehmendem Mond an Blatttagen im Sternbild Krebs, Skorpion oder Fische. Wollen Sie nicht so oft mähen, dann verrichten Sie diese Arbeit bei abnehmendem Mond.

Wasserspiele – Pflanzen für das Wassergärtchen

Wollen Sie den Mond gleich doppelt sehen? Dann lassen Sie doch das Spiegelbild des Mondes in einer kleinen Wasserfläche erscheinen! Dazu müssen Sie keinen aufwendigen Gartenteich haben, denn selbst auf Terrasse und Balkon ist es möglich, in Gefäßen Mini-Teiche anzulegen. Und wenn Sie sich dazu nicht durchringen können, stellen Sie doch in einer lauen Vollmondnacht einfach eine schöne wassergefüllte Schale auf, in der Sie vielleicht noch einige duftende Blüten schwimmen lassen. Dieses schöne Arrangement fängt ebenfalls das Licht in funkelnden Spiegelungen ein. Aber vielleicht können Sie sich ja doch entschließen, so eine Mini-Wasserlandschaft anzulegen? Sie ist ein bezaubernder Anblick und spendet an heißen Tagen auch wohltuende Erfrischung. Mit etwas technischer Hilfe können Sie das Wasser auch sanft plätschern lassen, das wirkt sehr inspirierend!

Das Prinzip aller Dinge ist das Wasser. Aus Wasser ist alles, und in Wasser kehrt alles zurück.
Thales von Milet

MINI-TEICH FÜR DEN MOND

Heute können Sie aus einer Vielzahl geeigneter Gefäße wählen: Es gibt wasserdichte Steingut- oder Keramikschalen und auch mit Folie ausgekleidete Holzgefäße im Handel. Natursteintröge sind ebenso geeignet, aber wegen ihres Gewichts nur eingeschränkt verwendbar, leicht und preiswert dagegen Gefäße aus Kunststoff. Allgemein gilt:

- Ein Mini-Teich braucht einen Platz, wo die Pflanzen etwa acht Stunden Sonne bekommen.
- Der nächste Wasseranschluss sollte nicht zu weit weg sein, denn an heißen Tagen verdunstet viel Feuchtigkeit und muss immer wieder ergänzt werden, damit die Pflanzen keinen Schaden nehmen.
- Wenn Sie die kleine Wasserlandschaft noch beleuchten oder einen Sprudelstrahl mit Pumpe einbauen wollen, brauchen Sie einen Stromanschluss und einen Fehlerstrom-Schutzschalter.
- Gefäß und Pflanzen kommen gut durch die frostige Jahreszeit, wenn Sie den Mini-Teich in einem kühlen, hellen Raum überwintern.

RICHTIG PFLANZEN

Auch bei der Bepflanzung eines Mini-Teiches können Sie sich von den Mondkräften leiten lassen: Allgemein sind Fischetage gut geeignet, um Wasserpflanzen zu setzen. Blütenpflanzen wie die Seerosen pflanzen Sie besonders vorteilhaft an Blütentagen im Sternbild Zwillinge, Wassermann oder Waage. Alle Wurzelpflanzen wie Sumpfkalmus pflanzen Sie an einem Wurzeltag im Sternbild Stier, Jungfrau oder Steinbock.

Die verschiedenen Gewächse wollen übrigens bestimmte Pflanztiefen, die Sie auch auf den Etiketten finden. Sie können in einem Mini-Teich leicht unterschiedliche Wassertiefen schaffen, indem Sie einige Ziegel oder Steine einlegen. Der ideale Boden für Wasserpflanzen ist stark lehmige

Erde. Setzen Sie die Pflanzen darauf und verteilen Sie sandigen Kies um sie, bis etwa der halbe Wurzelballen bedeckt ist. Der Kies gibt ihnen Halt und verhindert, dass sich auch Unkraut breitmacht. Zum Einfüllen des Wassers legen Sie den frisch bepflanzten Mini-Teich mit Papier aus, damit sich das kühle Nass nicht so stark trübt.

ARTEN FÜR DEN MINI-TEICH

Die Seerosen gehören zu den Schwimmblattpflanzen. Sie wurzeln im Grund und schieben nur Blätter und Blüten an die Wasseroberfläche. Die Zwergseerosen begnügen sich bereits mit 10 cm Pegelstand, ab 20 cm gedeihen etwas starkwüchsigere, farbintensive Sorten wie ‚Lilacea' und ‚Purpurata'. Wichtig für Teiche sind auch die so genannten Unterwasserpflanzen, die das Wasser reinigen, indem sie gelöste Nährstoffe aufnehmen und Sauerstoff abgeben. Zu ihnen gehören der Wasserschlauch, der Wasserhahnenfuß und die Nadelsimse. Nicht unbedeutend in dieser Lebensgemeinschaft sind auch die Flachwasserpflanzen. Zu den schönsten Arten, die sogar noch mit 10 cm Wasserstand auskommen, gehören Kalmus, Froschlöffel, Blumenbinse, Sumpfkalla, Sumpfschwertlilie, Pfeilkraut, Hechtkraut, Teichbinse, Wasseraloe und der Kleine Rohrkolben.

WASSERGARTEN-PFLEGE

Zu viele Nährstoffe im Mini-Teich würden nur zu starkem Algenwachstum führen. Düngen Sie deshalb die Wasserpflanzen nur einmal im Frühjahr bei absteigendem Mond, damit sich alle Kräfte auf den unteren Pflanzenteil konzentrieren. Verwenden Sie dafür am besten einen biologischen Volldünger für Wasserpflanzen aus dem Fachgeschäft. Für die Reinhaltung des Beckens sind die Unterwasserpflanzen (s.o.) wichtig, sie wirken reinigend und vermindern die Algenbildung. Ergänzen Sie auch regelmäßig das verdunstete Wasser, damit der Pegel nicht zu stark schwankt und die Gewächse keinen Schaden nehmen.

Bei Mini-Wassergärten sieht ein Arrangement von verschiedenen Gefäßen besonders gut aus. Schwimmsteine setzen dekorative Akzente.

Küchen- und Heilkräuter in zauberhaften Kombinationen

Wie das Salz in die Suppe so gehören Kräuter in den Garten – und selbst auf Terrasse und Balkon findet sich immer noch ein Plätzchen für sie. Taufrisch geerntet schmecken sie besonders intensiv und geben vielen Gerichten eine unnachahmliche Note. Allgemein betrachtet sind Kräuter Pflanzen mit wohlschmeckenden und oft auch medizinisch wirksamen Inhaltsstoffen, viele duften dazu köstlich. Botanisch gesehen stellen sie ein sehr gemischtes Völkchen dar, denn darunter sind Einjährige wie Dill und Boretsch, Zweijährige wie Petersilie, Stauden wie Schnittlauch und Pfefferminze sowie Gehölze wie Rosmarin. Oft vergessen werden dabei auch Pflanzen mit essbaren Blüten wie Kapuzinerkresse (s. TIPP), die nicht nur Ihre grüne Oase verschönern, sondern Salate und auch Süßspeisen in „blühende" Gerichte verwandeln.

KRÄUTER SÄEN UND PFLEGEN

Säen, pflanzen und pflegen Sie Küchen- und Heilkräuter bei zunehmendem Mond an einem Blütentag im Sternbild Wassermann, Zwilling oder Waage, weil sie dann ihr Aroma besonders intensiv entwickeln. Für Blattpflanzen sind auch Blattage im Sternbild Skorpion, Fische und Krebs geeignet. Die einzelnen Handgriffe sind bereits bei den Zierpflanzen erklärt (➔ Seite 32 f). Im Garten richtet sich der Pflanzabstand der einzelnen Kräuter nach der zu erwartenden Größe, die Angaben finden Sie meist auf dem Etikett. Ausdauernde Pflanzen sollten auch in den folgenden Jahren noch genug Platz für ihre Entwicklung haben. Gelegentliches Unkrautzupfen lässt ihnen genügend Luft und Licht für kräftiges Wachstum. Diese Arbeit verrichten Sie am günstigsten bei absteigendem Mond oder bei absteigendem Mondknoten. Gegossen wird mäßig, aber regelmäßig, vermeiden Sie besonders bei

TIPP

Viele Arten, die wir eigentlich „nur" als Zierpflanzen betrachten, besitzen versteckte Talente: Ihre Blüten, Früchte oder auch Blätter sind wie Kräuter verwendbar und geben vielen Gerichten sowohl optisch als auch geschmacklich einen überraschenden „Pfiff". Natürlich dürfen diese Pflanzenteile dann nicht mit Chemie gespritzt sein. Essbare Blüten besitzen:
Gänseblümchen, Veilchen, Stiefmütterchen, Schlüsselblume, Kapuzinerkresse, Ringelblume, Gewürztagetes, Indianernessel, Begonie, Duftpelargonien, Süßdolde, Zitronenverbene, Schnittlauch, Borretsch, Malve, Lavendel, Rosmarin, Salbei, Minze, Kürbis, Zucchini, Rose, Apfel, Flieder und Holunder.
Bei den Duftpelargonien – es gibt sie in vielen Geschmacksrichtungen – sind auch die Blätter essbar, bei Kapuzinerkresse die Früchte, die gerne als „falsche Kapern" in Essig eingelegt werden.

Blattkräutern stauende Nässe. In Gefäßen gezogene mehrjährige Kräuter werden im Frühjahr umgetopft und zurückgeschnitten, damit sie wieder buschig wachsen (→ Seite 36).

KRÄUTER-IDEEN FÜR DEN GARTEN

Bisher wurde meist nur im Gemüsegarten ein Eckchen für die ausdauernden Kräuter reserviert. Viele Arten wie Salbei und Ringelblume sehen jedoch so hübsch aus, dass man sie ohne weiteres in den Ziergarten integrieren kann. Mit Schnittlauch, Petersilie oder Lavendel können Sie auch Blumenbeete einfassen. Wenn Sie ein bisschen Platz haben, gibt es aber noch andere attraktive Möglichkeiten:

- Legen Sie mit Hilfe von Erde und Tuffsteinen eine schneckenförmig ansteigende Kräuterspirale an, die etwa 50 cm hoch werden soll. Unten sind die feuchtigkeitsliebenden Arten wie Minze am richtigen Platz, in der Mitte werden die gängigen Küchenkräuter wie Petersilie, Schnittlauch und Basilikum untergebracht. Oben finden die wärmeliebenden Kräuter wie Thymian, Majoran und Rosmarin ideale Bedingungen.
- Ein klassisches kleines Kräuterbeet können Sie in Quadratform mit kreuzförmiger Unterteilung anlegen. Sehr hübsch sieht es aus, wenn Sie die Beetränder und das Kreuz mit einer niedrigen Einfassungspflanze wie Buchs betonen, der durch Schnitt in Form gehalten wird. In diesem immergrünen Rahmen liegen dann vier Beete, die Sie mit Ihren Lieblingskräutern belegen können. Setzen Sie aber möglichst die Ein- und Zweijährigen und die Ausdauernden praktischerweise in separate Beete, weil sie bei der Pflege jeweils unterschiedliche Arbeitsabläufe benötigen.
- Duftende Kräuterteppiche zum Beispiel aus Thymian gedeihen sogar zwischen Plattenfugen. Beim Betreten verströmt dieser lebendige Bodenbelag einen angenehmen Duft.
- Selbst zwischen den Steinfugen einer Trockenmauer fühlen sich Tripmadam, Lavendel, Thymian, Oregano und Bergbohnenkraut wohl.

WÜRZIGES VON TERRASSE UND BALKON

Auf der Terrasse können Sie einen „mobilen Kräutergarten" in hübschen Tontöpfen einrichten. In kleine Gefäße kommen die Pflanzen einzeln hinein, in größere in attraktiven Gruppen. Bewährt hat sich auch der Erdbeertopf als Mini-Kräutergarten. Nicht blühende Kräuter müssen übrigens nicht langweilig erscheinen. Verwenden Sie doch einfach Spielarten mit mehrfarbigen Blättern! Die gibt es bei Salbei, Zitronenmelisse, Thymian und Minze. Oder Sie nehmen auch rötliche Formen wie Purpur-Basilikum.

Im Balkonkasten gedeihen so gut wie alle Kräuter. Auch dort können zum Beispiel Schnittlauch und Petersile wieder mit Zierpflanzen wie Geranien oder Petunien kombiniert werden. Aber auch einzelne Kräutertöpfe lassen sich außen oder innen an das Balkongeländer hängen. Vielleicht gibt es noch Platz an der Wand für einige Töpfe mit Lavendel oder Thymian? Oder Sie bepflanzen Ampeln mit Kapuzinerkresse oder Tripmadam.

Obst und Gemüse ganz einfach „lunarisch" ziehen

Großmutters Apfelbaum findet in den heutigen Kleinstgärten keinen Platz mehr, aber inzwischen gibt es so genannte Säulenäpfel, die in Gefäßen gezogen werden können und nur 2–3 m Höhe erreichen. Sie bilden lediglich ganz kurze Seitenzweige aus, so dass sie mit kleiner Standfläche auskommen. Dennoch können sie erstaunlich viele Früchte tragen. Und auch die Zeiten der großen Selbstversorger-Gemüsegärten sind vorbei. Heute werden nur kleine Mengen an Gemüse und Salat gezogen, die knackig frisch besonders munden.

Töpfe sind nicht nur für Blütenpflanzen da: Selbst Salate und natürlich auch andere Gemüse gedeihen in ihnen.

PFLANZEN UND PFLEGEN

Obst pflanzen, schneiden und pflegen Sie am besten bei zunehmendem Mond an Fruchttagen im Sternbild Widder, Löwe und Schütze - die entsprechenden Handgriffe sind bereits bei den Zierpflanzen erklärt (→ Seite 32). Bei Gemüse gilt:

- Fruchtgemüse wie Bohnen, Erbsen, Tomaten, Gurken und Paprika säen, pflanzen und pflegen Sie wie Obst bei zunehmendem Mond an Fruchttagen im Sternbild Widder, Löwe und Schütze.
- Bei Brokkoli und Artischocken tun Sie dies hingegen am besten bei zunehmendem Mond an Blütentagen im Sternbild Wassermann, Zwilling und Waage, denn davon ernten Sie die Blütenknospen.
- Blattgemüse wie Spinat oder Kohl säen, pflanzen und pflegen Sie wiederum an Blatttagen bei zunehmendem Mond im Sternbild Fische, Krebs oder Skorpion. Nur Kopfsalat bildet eine Ausnahme, er bevorzugt hierbei den abnehmenden Mond.
- Für Wurzelgemüse wie Möhren und Radieschen wählen Sie bei abnehmendem Mond Wurzeltage im Sternbild Stier, Jungfrau und Steinbock, für Kartoffeln die Tage kurz nach Vollmond.

OBST UND GEMÜSE IM KLEINEN GARTEN

Sie brauchen auch im Mini-Garten nicht auf Obst zu verzichten. Sie können zum Beispiel anstatt eine große Obstwiese anzulegen mehrere schwachwüchsige Apfel- oder Birnbäumchen dicht in einer Reihe setzen – der Fachmann nennt dies freistehendes Spalier. Dieses dient auch als Raumteiler im Garten und Sichtschutz. Oder sie ziehen wärmeliebende Arten wie Aprikose, Pfirsich und Mirabelle als Spalier an der Hausmauer. Wenn Sie lediglich Platz für ein Gehölz haben, sollten Sie einen Duo-Obstbaum wählen, auf den zwei Sorten einer Art veredelt sind. Dann können Sie unterschiedliche Geschmacksnoten genießen. Übrigens brauchen viele Obstsorten wie Apfel und Birne einen passenden Befruchterbaum in der Nähe, wenn sie reich Früchte tragen sollen. Sie müssen deshalb aber nicht gleich zwei Bäume setzen, oft steht schon in der Nachbarschaft ein passender – oder Sie nehmen ein Duo. Selbst im Blumenbeet ist oft noch Platz für ein kleines Bäumchen oder einen Beerenobst-Hochstamm. Wenn auch das nicht der Fall ist, dann können Sie vielleicht mit Monatserdbeeren ein Beet einfassen?

Was würde uns nicht alles entgehen, wenn wir im Garten nicht wenigstens ein kleines Gemüsebeet hätten! Setzen Sie zwischen Ihre Lieblings-Arten doch noch Tagetes und Ringelblumen. Das sieht nicht nur schön aus, sondern es hält auch die Pflanzen gesünder. Manche Gemüse-Arten sind wiederum selbst sehr attraktiv und machen sogar neben Zierpflanzen eine gute Figur: Zierkohl wirkt fast wie eine große Blüte, schön fürs Auge sind auch rotstieliger Mangold oder fruchttragende Tomatenstauden. Nicht zu vergessen auch die vielerlei Farben und Wuchsformen, in denen Salate heute angebaut werden können und auch noch in der Schüssel ein buntes Bild bieten.

NAHRHAFTES AUF BALKON UND TERRASSE

Für Balkon und Terrasse sind in Kübeln oder Holzkästen gezogene schwachwüchsige Obstbäumchen wie Apfel, Birne, Aprikose, Johannis-, Stachel- oder Heidelbeere ideal. Sie können auch mit Monatserdbeeren oder schwachwachsenden Blütenpflanzen wie Duftsteinrich oder Lobelien unterpflanzt werden. Sehr dekorativ sind die sogenannten Kletteerdbeeren, die an kleinen Rankgerüsten in Gefäßen gut gedeihen, aber nicht selbst klettern sondern hoch gebunden werden müssen.

Die meisten Gemüse und selbst solche, die eine Stütze brauchen, wie Tomaten oder Bohnen, gedeihen ebenfalls sehr gut in Gefäßen. Viele können überraschend dekorativ wirken, wie zum Beispiel der Toskanische Palmkohl mit seinen grünen Wedeln. Auch Gemüse lassen sich in Gefäßen gut mit Sommerblumen wie Petunien oder auch Kräutern kombinieren.

GÄRTNER-EINMALEINS FÜR SINGLES

Es liegt im Trend der Zeit, dass immer mehr Menschen allein leben. Sie brauchen keine großen Mengen an Kräutern und Gemüse, wollen aber doch regelmässig frische knackige Nahrungsmittel ernten. Hierfür ist es am besten, im Abstand von 1-2 Wochen immer wieder satzweise kleine Mengen der gewünschten Arten auszusäen. Durch diese praktischen Folgessaaten haben Sie über längere Zeit Kräuter und Gemüse in passenden Portionen zur Hand.

Ernten und haltbar machen nach dem Mond

Was nützen alle Mühen beim Säen, Pflanzen und Pflegen, wenn die Früchte Ihrer Arbeit dann während der Lagerung oder im Einmachglas verderben? Sie stellen die richtigen Weichen bereits beim Einbringen Ihrer selbst gezogenen Schätze. Wenn Sie alles ganz frisch verwenden wollen, können Sie übrigens selbstverständlich ganz nach Bedarf ernten. Wollen Sie Lagern und Haltbarmachen, lohnt es sich, die Mondregeln zu beachten, damit sich alles besser hält und besonders aromatisch bleibt.

GEMÜSE ERNTEN

Bei der Ernte von oberirdischen Organen sind jene Sternbilder ideal, über die der Mond aufsteigt, graben Sie essbare unterirdische Teile aus, passen die Sternbilder besser, über die der Mond absteigt:

- Blattgemüse wie Salate können Sie nach dem Gesagten an Blatttagen im Sternbild Fische einbringen. Hier haben wir jedoch eine Ausnahme: Was an Fischetagen geerntet wird, sollte sofort verbraucht oder verarbeitet werden, weil das Gemüse unter dem Einfluss dieses Sternbildes schnell welkt und leicht fault. Deshalb ernten Sie hier besser an Blütentagen im Sternbild Wassermann oder an Fruchttagen im Sternbild Widder.
- Fruchtgemüse wie Zucchini ernten Sie am besten an Fruchttagen im Sternbild Widder.
- Blütengemüse wie Brokkoli und Artischocke schneiden Sie besonders vorteilhaft an Blütentagen im Sternbild Wassermann.

Wenn Sie nach den Mondregeln ernten, lagern und konservieren, bleibt alles Nahrhafte besonders aromatisch.

- Wurzelgemüse wie Möhren, Radieschen und auch Kartoffeln roden Sie idealerweise an einem Wurzeltag im Sternbild Jungfrau.

KRÄUTER ERNTEN

Heil- und Gewürzkräuter werden besonders vorteilhaft bei aufsteigendem Mond geerntet, weil sie dann einen höheren Saftgehalt haben, aromatischer schmecken und auch die Wirkung von Heilkräutern weitaus stärker ist. Allgemein ist der zunehmende Mond günstig, wenn ein rascher Verbrauch geplant ist. Sollen Gewürz- und Heilkräuter getrocknet werden, wählen Sie besser den abnehmenden Mond. Ferner gilt:

- Blattkräuter wie Petersilie und Basilikum können Sie, wie bereits beim Gemüse erörtert, an Blatttagen im Sternbild Fische ernten. Dann müssen sie aber wie auch das Blattgemüse rasch verbraucht werden. Vorteilhafter sind Blüten- oder Fruchttage im Sternbild Wassermann oder Widder.
- Blütenkräuter wie Kamille oder Kapuzinerkresse brechen Sie besonders vorteilhaft an einem Blütentag im Sternbild Wassermann.
- Als Gewürz verwendete Samen wie Kümmel oder Koriander ernten Sie am besten an Fruchttagen im Sternbild Schütze. Da sie in der Regel getrocknet werden, ist der abnehmende Mond günstig.
- Alle Wurzelkräuter wie Wurzelpetersilie oder Engelwurz roden Sie an einem Wurzeltag im Sternbild Steinbock. Besonders gute Qualität erhalten Sie, wenn Sie vor Sonnenaufgang oder nach Sonnenuntergang bei Vollmond ernten.

OBST ERNTEN

Alle Obstarten liefern uns Früchte, ernten Sie sie deshalb bei aufsteigendem Mond an Fruchttagen im Sternbild Widder. Eine Ausnahme sind Erdbeeren: Damit sie länger halten und aromatischer schmecken, ernten Sie an einem Blütentag im Sternbild Wassermann. Allgemein können Sie an Fruchttagen bei zunehmenden Mond dann ernten, wenn Sie die Früchte frisch verzehren oder rasch verbrauchen wollen. Für Lagerung und Konservierung eignet sich besser der abnehmende Mond.

LAGERN UND KONSERVIEREN

Obst, Gemüse und Kräuter aus dem Mondgärtchen sollten Sie im Idealfall frisch verwenden. Nicht alles werden Sie jedoch zur rechten Zeit verbrauchen können, da die Pflanzen dank der Unterstützung des Mondes meist recht üppig gedeihen. Günstig fürs Trocknen und Einfrieren ist der abnehmende, für eine rasche Weiterverarbeitung der zunehmende Mond. Zum Konservieren aller oberirdisch wachsenden Teile wählen Sie am besten einen Blütentag im Sternbild Wassermann oder einen Fruchttag im Sternbild Widder. Ungünstig sind Jungfrau- und Krebs-Tage (absteigender Mond), denn dann fängt Eingemachtes leicht zu schimmeln an. Für die Lagerung sind auch Fische-Tage als Erntezeitpunkt wenig vorteilhaft, denn an diesen Tagen geerntetes Gemüse ist nicht lange haltbar (s. oben). Gut für die Reinigung Ihrer Lagerräume und Regale sind Blütentage im Sternbild Zwillinge, Waage oder Wassermann bei abnehmendem Mond.

Schädlinge und Krankheiten natürlich und mit dem Mond bekämpfen

Im Idealfall sollten die Pflanzen mit Hilfe des Mondes vor Gesundheit nur so strotzen. Aber manchmal überwiegen dennoch ungünstige Einflüsse:

- An Tagen, bei denen Vollmond und Erdnähe des Mondes zusammenfallen, werden Pflanzen stärker von Pilzen befallen. Hier helfen Pflanzenbrühen aus Ackerschachtelhalm oder Knoblauch, die Sie vorbeugend bei Neumond ausbringen.
- Schnecken treten vermehrt auf, wenn der Planet Mars vor die Sternbilder Krebs, Fische und Skorpion zieht. Sammeln Sie die Schnecken in einem Eimer, am besten, wenn der Mond vor dem Sternbild Krebs steht. Die Schnecken übergießen Sie nun mit kochendem Wasser und verschließen den Eimer mit einem Deckel. Sobald der Mond wieder vor dem Sternbild Krebs steht, gießen Sie die abgeseihte Schneckenbrühe auf die Beete. Das schreckt die Schnecken für längere Zeit ab. Gute Termine für die Schneckenbekämpfung sind übrigens auch Skorpiontage bei abnehmendem Mond.
- Wenn Sie häufig an Blütentagen im Sternbild Zwillinge, Wassermann und Waage gießen, siedeln sich gerne Blattläuse auf den Pflanzen an.

DIE WICHTIGSTEN SCHÄDLINGE

Manche tierischen Schädlinge wie Läuse sind rasch zu entdecken, andere wie Erdraupen jedoch nur nachts aktiv und verschwinden dann wieder, hinterlassen aber charakteristische Spuren. Am wirkungsvollsten ist immer eine Bekämpfung bei Neumond. Hier folgen die Beschreibungen zu den wichtigsten Pflanzenschädlingen:

- Blattläuse können grün, braun oder schwarz sein. Sie sitzen an Stengeln und Triebspitzen und saugen mit ihrem Rüssel Pflanzensaft. Blätter und Triebe rollen sich ein. Bei schwachem Befall hilft Abspritzen mit Wasser oder Seifenwasser, später Brühen aus Brennessel, Wermut oder Rainfarn.
- Weiße Fliegen oder Mottenschildläuse sind winzige Insekten mit weißen Flügeln, die auf den Blattunterseiten sitzen und bei Berührung auffliegen. Sie saugen ebenfalls Pflanzensaft und die Blätter werden fleckig und klebrig. Dagegen hilft Seifenwasser oder Rainfarnbrühe. Oder sie hängen Gelbtafeln auf, an denen Fluginsekten kleben bleiben.
- Spinnmilben sind winzige rötliche Insekten, die feine Gespinste hinterlassen. Die von ihnen ausgesaugten Blätter sterben ab. Dagegen helfen Ackerschachtelhalm-, Rainfarn- oder Brennesselbrühen.
- Raupen fressen an Wurzeln, Blättern und Trieben. Gegen sie hilft ein Wermut-Kaltwasserauszug.

DIE HÄUFIGSTEN KRANKHEITEN

Krankheiten befallen vor allem geschwächte Pflanzen, zum Beispiel, wenn sie durch übermäßige Düngung sehr weiche Triebe und Blätter ausbilden. Die meisten Krankheiten sind auch schwer zu bekämpfen. Deshalb ist hier die Vorbeugung durch gute Pflege mit dem Mond besonders wichtig. Hier die Beschreibung der wichtigsten Krankheiten:

- Mehltau bildet einen grauen Belag auf Blattober- und Unterseiten. Vorbeugend hilft Ackerschachtelhalmbrühe, befallene Pflanzenteile besser sofort vernichten.
- Grauschimmel erzeugt Faulstellen mit graubraunem Pilzrasen. Vorbeugend hilft Ackerschachtelhalmbrühe, kranke Pflanzenteile besser vernichten.
- Blattfleckenkrankheit äußert sich durch schwarze Flecken auf Blättern und Früchten. Vorbeugend hilft Ackerschachtelhalmbrühe, kranke Pflanzenteile besser vernichten.
- Rost bildet auf der Blattunterseite zuerst helle, dann dunkle Pusteln. Hier kann ein Kaltwasserauszug von Rainfarn lindern.

Biologische Pflanzenpräparate

Es gibt drei Möglichkeiten, Spritzmittel aus Pflanzen herzustellen: Beim Kaltwasserauszug werden die Pflanzenteile für ein bis drei Tage in kaltes Wasser gelegt, dann abgesiebt und meist unverdünnt gespritzt. Für Pflanzenbrühen werden frische Pflanzenteile für einen Tag eingeweicht, dann 30 Minuten gekocht, nach dem Abkühlen abgeseiht und 1:10 verdünnt gespritzt. Für Tee werden die Pflanzenteile mit kochendem Wasser übergossen, nach dem Abkühlen abgeseiht und 1:5 bis 1:10 verdünnt gespritzt. Hier die genauen Rezepte:

- Gegen Läuse wird ein Kaltwasserauszug von 1 kg frischer Brennessel auf 10 l Wasser eingesetzt und unverdünnt gespritzt.
- Gegen Schadinsekten, Mehltau und Rost hilft ein Kaltwasserauszug aus 300 g frischem Rainfarn auf 10 l Wasser, unverdünnt gespritzt.
- Gegen Pilzkrankheiten wirkt ein Tee aus 1 kg frischem Ackerschachtelhalm auf 10 l Wasser. In einer Verdünnung von 1:5 gießen. Werden kleinere Mengen benötigt, nehmen Sie 15 g frische Halme auf 1 l Wasser.
- Gegen Läuse und Raupen hilft ein Kaltwasserauszug aus 300 g Wermut in 10 l Wasser, unverdünnt gespritzt. Idealer Zeitpunkt: Zwillinge.
- Gegen Grauschimmel und Möhrenfliege wirkt ein Kaltwasserauszug von 500 g Zwiebelschalen in 5 l Wasser. Verdünnt auf 1:10 bei Grauschimmel, auf 1:20 bei Möhrenfliege. Idealer Zeitpunkt: Zwillinge.
- Gegen Spinnmilben hilft ein Tee aus 50 g Zwiebelschalen und 0,5 l Wasser, unverdünnt gespritzt. Idealer Zeitpunkt: Wassermann.
- Gegen Pilzkrankheiten wirkt ein Tee aus 75 g gepresster Knoblauchzehe und 10 l Wasser, gefiltert und unverdünnt gespritzt. Idealer Zeitpunkt: Zwillinge.

Die wichtigsten Zier- und Nutzpflanzen mit Mond-Pflegetipps

Blütenpflanzen	Aussaat und Pflanzung an Blütentagen (abst.), Ernte an Blütentagen (aufst.) Tierkreisbilder Wassermann (aufst.), Zwillinge (auf- und abst.), Waage (abst.)				
Name	**Lebensform**	**Vermehrung**	**Pflanzung**	**Ernte/Blütezeit**	**Besonderheiten**
Artischocke	St.	A III–IV	V–VI	E VII–IX	braucht Winterschutz
Bechermalve	einj.	A III–V	V	Bl VII–X	essbare Blüten
Blausternchen	St.	A -	IX–XI	Bl III–IV	genügsame Zwiebelpflanze
Brokkoli	einj.	A III–V	V–VI	E VI–IX	vor dem Aufblühen ernten
Dahlie	St.	A -	V	Bl VI–X	frostfrei überwintern
Duftwicke	einj.	A IV–V	V–VI	Bl VI–IX	duftende Kletterpflanze
Glockenblume	St.	A III–V	V/IX	Bl V–IX	anspruchslose Polsterpflanze
Herbstaster	St.	T III/X	V/IX	Bl VIII–X	etwa alle vier Jahre teilen
Hyazinthe	St.	A -	IX–X	Bl IV–V	stark duftende Zwiebelpflanze
Jungfer im Grünen	einj.	A III–IV	V	Bl VI–IX	sät sich gerne selbst aus
Krokus	St.	A -	IX–XI	Bl III–IV	pflegeleichte Zwiebelpflanze
Madonnenlilie	St.	A -	VIII	Bl VI–VII	betörend duftende Zwiebelpflanze
Margerite	St.	T III/X	V/IX	Bl V–VI	vorzügliche Schnittblume
Marienglockenblume	zweij.	A V–VII	VII	Bl VI–VII	wunderschöne Schnittblume
Mittagsgold	einj.	A III–IV	V	Bl V–IX	bei Überwinterung im Haus mehrjährig
Nelke	St.	A III–IV	V	Bl V–VI	unvergleichlich duftende Polsterstaude
Pelargonie	einj.	A II–IV	V	Bl V–X	bei Überwinterung im Haus mehrjährig
Petunie	einj.	A -	V	Bl V–X	üppig blühende Hängepflanze
Phlox	St.	T III–IV	V/IX	Bl VI–IX	betörender Duft, steigert sich nachts
Rittersporn	St.	T IV/X	IV/X	Bl VI–VIII	hohe Sorten an Stab anbinden
Rosen	G.	St. VI	IV/X	Bl VI–X	es gibt viele duftende Sorten
Schmuckkörbchen	einj.	A III–V	V	Bl VI–IX	gut haltbare Schnittblumen
Schwertlilie	St	A -	IX–X	Bl V–VI	in rauhen Lagen Winterschutz nötig
Sommeraster	einj.	A III–V	V	Bl VI–X	für Beet, Balkon und Terrasse geeignet
Steinkraut	St.	A III–V	V–VI	Bl IV–VI	honigartig duftende Polsterstaude
Tulpen	St.	A -	IX–X	Bl IV–V	unzählige Sorten im Handel

abst. = absteigender Mond, aufst. = aufsteigender Mond, einj. = einjährige, zweij. = zweijährige Pflanze, St. = Staude, G. = Gehölz, A = Aussaat, Bl = Blütezeit, E = Ernte, S = Stecklinge, T = Teilung, I–XII = Monate Januar–Dezember

Blattpflanzen 	Aussaat und Pflanzung an Blatttagen (abst.), Ernte an Blatttagen (aufst.) Tierkreisbilder Fische (aufst.), Krebs (abst.), Skorpion (abst.), für Lagerung besser an Blütentagen (abst.) ernten im Sternbild Wassermann (abst.) oder an Fruchttagen (abst.) im Sternbild Widder (abst.)				
Name	**Lebensform**	**Vermehrung**	**Pflanzung**	**Ernte/Blütezeit**	**Besonderheiten**
Basilikum	einj.	A IV	V	E V–IX	verliert beim Trocknen sein Aroma
Buchs	G.	St. V	IV/IX	Bl IV–V	die Blätter riechen streng, sind giftig
Efeu	G.	St. VII	IV/IX	Bl IX	nur die Altersform blüht, Beeren giftig
Harfenstrauch	einj.	St. IV	IV	Bl VIII/IX	die Blätter duften nach Weihrauch
Kresse	einj.	A III–IX	-	E III–IX	Ernte bereits 10 Tage nach der Aussaat
Lauch	zweij.	A III–V	IV–VIII	E VII-XII	Lauch blüht erst im zweiten Jahr
Mangold	einj.	A IV–VI	-	E VI–X	in milden Gebieten Überwintern möglich
Petersilie	zweij.	A III–VII	IV–IX	E IV–X	im Topf Kultur ganzjährig möglich
Salat	einj.	A II–VII	III–VII	E V–X	Sorten für Frühjahr, Sommer und Herbst
Salbei	St.	A IV–V	V	E V–X	hübsche violette Blüten VI–VII
Schnittlauch	St.	A III–IV	V	IV–X	im Topf Kultur ganzjährig möglich
Spinat	einj.	A III–V/VII–IX	-	V–VI/IX–X	blühenden Spinat nicht mehr ernten

Fruchtpflanzen 	Aussaat und Pflanzung an Fruchttagen (abst.), Ernte an Fruchttagen (aufst.) Tierkreisbilder Schütze (auf- und abst.), Widder (aufst.), Löwe (abst.)				
Name	**Lebensform**	**Vermehrung**	**Pflanzung**	**Ernte/Blütezeit**	**Besonderheiten**
Apfel/Birne	G.	Veredelung	III/X–XI	VIII–X	es gibt frühe, mittlere und späte Sorten
Bohnen	einj.	A V–VII	-	VII–IX	Bohnen nur gekocht verzehren
Paprika	einj.	A III	V–VI	VII–IX	braucht einen sonnigen, warmen Platz
Tomate	einj.	A III–V	V–VI	VII–X	braucht einen sonnigen, warmen Platz
Zucchini	einj.	A IV–V	V–VI	VI–X	auch die Blüten sind essbar

Wurzelpflanzen 	Aussaat, Pflanzung und Ernte an Wurzeltagen (abst.) Tierkreisbilder Steinbock (aufst.), Stier (aufst.), Jungfrau (abst.)				
Name	**Lebensform**	**Vermehrung**	**Pflanzung**	**Ernte/Blütezeit**	**Besonderheiten**
Knoblauch	einj.	Brutzwiebeln	IV/IX	VIII–IX	in milden Gebieten mehrjährig
Knollensellerie	einj.	A III	V	X	auch die Blätter sind eine gute Würze
Möhren	einj.	A III–VII	-	VI–X	Radieschen als Markiersaat mit aussäen
Rettich/Radieschen	einj.	A III–IX	-	V–X	die jungen Blättchen sind essbar
Zwiebeln	einj.	Steckzwiebeln	III/IV	VII–VIII	auch die grünen Blätter sind essbar

abst. = absteigender Mond, aufst. = aufsteigender Mond, einj. = einjährige, zweij. = zweijährige Pflanze, St. = Staude, G. = Gehölz, A = Aussaat, Bl = Blütezeit, E = Ernte, S = Stecklinge, T = Teilung, I–XII = Monate Januar–Dezember

Romantisches Plätzchen nicht nur für „Mondsüchtige"

Nach getaner Arbeit die Seele baumeln lassen und in Ruhe genießen, was Balkon, Terrasse oder Garten zu bieten haben – wer wird da nicht gerne „mondsüchtig"? Verwöhnen Sie sich doch in lauen Mondnächten mit aromatischen Düften, die sich bei Ihrem Sitzplatz entfalten! Dieser muss gar nicht luxuriös sein, es genügt auch ein einfacher Klappstuhl, der ganz nach Bedarf dort aufgestellt wird, wo es gerade duftet und blüht. Ideal wäre natürlich noch ein kleines Tischchen, auf dem ein Glas abgestellt werden kann – und wo vielleicht auch das Fernglas liegt, um den „Mann im Mond" zu beobachteten …

Der Rosen süßer Duft genügt,
man braucht sie
nicht zu brechen …
Fr. Bodenstedt

DUFTENDE OASEN

Damit Sie auch die richtigen Gewächse auswählen können, sollten Sie einiges über diese Pflanzen wissen. Sie können mit unterschiedlichen Organen und auch zu verschiedenen Zeiten duften:

- Blattdufter. Ihre aromatischen Gerüche sitzen in den Blättern und entfalten sich erst bei Berührung oder beim Zerreiben intensiv. Zu ihnen gehören zum Beispiel Minze und Duftpelargonien.
- Blütendufter. Sie duften nur über die Blüte, zu ihnen gehören Rosen, Jasmin und Maiglöckchen.
- Tagdufter. Zu dieser Gruppe gehören die meisten Arten. Ihr Duft lässt abends nach.
- Nachtdufter. Gegen Abend erst entfalten diese Arten ihre oft betörenden Düfte, weil sie damit Nachtinsekten zur Bestäubung anlocken wollen. Zu diesen nachtaktiven Pflanzen gehören Engelstrompete, Nachtviole, Phlox, Nachtkerze, Ziertabak und Wunderblume.

DUFTER FÜR JEDEN PLATZ

- In Balkonkästen können Sie für eine wahre Duftorgie folgende Arten setzen: Duftnelke, Mottenkönig, Petunien, Ziertabak und Verbenen, als Unterpflanzung Duftsteinrich.
- In Kübeln auf der Terrasse gedeihen: Duftwicke, Engelstrompete, Jasmin, Vanillestrauch, Oleander und Zitronenbäumchen, als Unterpflanzung Maiglöckchen und Schleifenblume.
- Für Duftbeete sind geeignet: Basilikum, Duftveilchen, Goldlack, Heiligenkraut, Katzenminze,

TIPP

Setzen Sie Pflanzen mit intensiven Düften nicht vors Schlaf- und Arbeitszimmerfenster. Sie können bei empfindlichen Personen Kopfschmerzen verursachen. Machen Sie auch vor der Bepflanzung eines Duftgärtleins nach Möglichkeit im Gartencenter eine „Schnüffelprobe" an den ins Auge gefassten Pflanzen und erkunden Sie, ob Ihnen die Duftnote grundsätzlich liegt.

Lavendel, Nachtviole, Pfefferminze, Römische Kamille, Rosen, Salbei, Thymian, Wunderblume und Zitronenmelisse.

BALKON UND TERRASSE GANZ „DUFTE"

Um Ihnen die Qual der Wahl zu ersparen, möchte ich hier gleich einige bewährte Kombinationen von Duftpflanzen angeben. Alle enthalten mindestens einen Nachtdufter, damit Sie auch den Mondschein „dufte" genießen können:

- Balkonkasten: Ziertabak mit einer Unterpflanzung aus Duftsteinrich.
- Kübel für die Terrasse: Engelstrompete mit einer Unterpflanzung aus Maiglöckchen.

BEET MIT HALBMOND

Ist in Ihrem Garten Platz für ein kleines quadratisches Beet von 1,50 m Seitenlänge? Dann können Sie es wie folgt gestalten: Messen Sie zuerst das Quadrat aus und bereiten Sie die Erde für die Bepflanzung vor. Ermitteln Sie dann das Zentrum (Schnittpunkt der Diagonalen) und ziehen Sie um dieses einen Kreis mit einem Radius von etwa 60 cm. Dabei hilft Ihnen ein Pflock, den Sie in das Zentrum schlagen. Daran binden Sie eine Schnur passender Länge. Indem Sie dann um den Pflock wandern, können Sie den Kreis mit Sand oder Sägemehl markieren. Ziehen Sie jetzt den Pflock wieder heraus und verschieben Sie ihn parallel zur unteren Beetkante um 40 cm nach rechts. Von diesem Punkt aus können Sie nun vom Kreis einen Halbmond exakt „ausschneiden".

Ein betörend duftendes Halbmondbeet aus Heiligenkraut, Römischer Kamille, Feldthymian und Nachtviole.

Die Flächen bepflanzen Sie wie folgt: In den Halbmond Heiligenkraut (silbergraue Blätter, gelbe Blüten ab Juli), in die verbleibende Kreisfläche Römische Kamille (hellgrüne Blätter, weiße Blüten ab Juni). In die vier Ecken des Quadrats je eine Nachtviole (dunkelgrüne Blätter violette Blüten ab Mai), in die restliche Fläche Feldthymian, am besten die Sorte „Coccineus" (rötliche Blättchen, rote Blüten ab Juli).

Außer der Nachtviole sind alle Pflanzen immergrün und erfreuen Sie das ganze Jahr über auch mit ihren unterschiedlichen Tönen. Das Halbmond-Beet muss nur jedes Frühjahr etwas in Form geschnitten werden.

Gaumenfreuden aus dem Mondgarten: Leckere Ideen für die Küche

Was ist köstlicher, als taufrische Kräuter, knackiges Gemüse oder saftiges Obst aus eigener Ernte zu genießen? Lassen Sie sich doch einmal zu überraschend neuen, von Frau Luna inspirierten Gerichten überreden! Wenn Ihre grüne Oase dank der Hilfe des Mondes einmal zuviel Nahrhaftes hervorbringen sollte, finden Sie hier noch bewährte und auch ungewöhnliche Rezepte zum Konservieren. Alle Regeln zu den besten Tagen fürs Ernten, Lagern und Haltbarmachen finden Sie auf den Seiten 44 und 45.

Kräuter-Rezepte von Frau Luna

HALBMOND-KUCHEN

Rezept für eine kleine runde Springform von 18 cm Ø:
90 g Butter oder Margarine, 170 g Zucker,
1 P. Vanillezucker, 2 Eier, 75 g gemahlene Mandeln,
etwas geriebene Zitronenschale, 180 g Mehl,
1 1/2 TL Backpulver, 1/8 l Milch. 3 gehackte Duftgeranien-Blätter, etwa 12 abgezupfte Duftgeranien-Blütchen
Fett für die Form

Backzeit: 50 Min. bei auf 180° C vorgeheiztem Backofen.

Aus Fett, beiden Zuckern und Eiern eine schaumige Masse rühren. Mandeln, Zitronenschale und gehackte Blättchen unterheben. Den Backofen auf 180° vorheizen. Mehl mit Backpulver mischen und abwechselnd mit der Milch unter die Schaummasse rühren. Die Form ausfetten und abgezupfte Blütchen auf dem Boden verteilen, Teig einfüllen und in etwa 50 Min. goldbraun backen. Fertigen Kuchen etwas auskühlen lassen, dann von Rand und Boden lösen und stürzen.
Halbmond-Deko: Aus einem Karton einen etwa 15 cm hohen Halbmond ausschneiden, der auf den Kuchen gelegt wird – je nach Geschmack im Zentrum oder asymmetrisch. Die verbleibende Kuchenfläche mit Puderzucker bestäuben, dann Karton wieder vorsichtig abheben.

TIPP

Im gut sortierten Fachhandel gibt es auch Halbmond-Backformen. Sie sind ideal für alle, die oft Kuchen backen und gerne variieren. Sie können diesen Kuchen auch mit einem „mitternachtsblauen“ Guss überziehen: 100 g Puderzucker, 3–4 EL Blaubeersaft (Muttersaft aus dem Reformhaus). Den fertig überzogenen Guss mit einigen essbaren Blüten aus dem Mondgarten belegen. Es eignen sich neben Duftgeranien-Blüten zum Beispiel auch Kapuzinerkresse, Rosenblütenblätter oder Borretsch.

„ÖSTLICHER MOND" TEE

Sie brauchen für 4 Tassen:
3–4 frische Minzezweige, 6–8 Zuckerwürfel
4 TL grüner Tee,
Zum Garnieren: 4 Minzezweige
2 Teekannen, 4 Teetassen oder -gläser

Waschen Sie die Minze, zupfen Sie von den Zweigen für den Tee die Blätter ab und geben Sie sie zusammen mit den Zuckerwürfeln in die eine Kanne, den grünen Tee in die andere. Bringen Sie etwa 3/4 l Wasser zum Kochen und gießen Sie 1/4 l über die Minze. Das restliche Wasser etwa 5 Min. abkühlen lassen und dann über den grünen Tee gießen. Nach 3 Minuten den grünen Tee in die Kanne mit der Minze abseihen. Je einen Minzezweig in die Teetassen geben und den heißen Tee darüber gießen. Mit Teelöffel servieren und für „Süße" noch mehr Zuckerwürfel zum Nachsüßen bereit halten. Für dieses Rezept eignet sich auch schwarzer Tee, der aber mit sprudelndem Wasser überbrüht wird.

POWERDRINK „VOLLMOND"

Sie brauchen für 2 Drinks:
250 ml Tomatensaft, 125 ml Möhrensaft
1 EL Zitronen- und 2 EL Orangensaft
Zucker, Salz, 125 ml saure Sahne
Zum Garnieren: 1 Handvoll gehackter Kerbel

Die Säfte mischen, mit Zucker und Salz abschmecken, mindestens 1 Std. kühl stellen. Die saure Sahne kurz vor dem Servieren unterrühren und Drink mit gehacktem Kerbel verzieren.

BLAUER MONDSCHEIN-COCKTAIL

Zutaten für 1 Drink:
4 Eiswürfel, 1 cl Blue Curaçao, 1 TL Zuckersirup,
5 cl weißer Rum, Tonic Water
Garnitur: 1 Zitronenscheibe (unbehandelt),
1 Triebspitze von Zitronenmelisse
Außerdem: 1 hohes Glas, 1 langer Löffel,
1 Strohhalm

Zuerst die Eiswürfel ins Glas geben, dann Curaçao, Zuckersirup und Rum darübergießen. Mit dem Löffel leicht umrühren und mit Tonic Water auffüllen. Mit Zitronenscheibe und Melissentrieb dekorieren, mit Strohhalm servieren.

Aus dem Mondgarten kommen ganz frische Zutaten für feine Tees, aromatische Öle und anregende Liköre.

Neben knackigen Salaten und aromatischen Kräutern liefert der Mondgarten auch Augenfreuden in Form von schönen Sträußen.

Zuckersirup: Er wird verwendet, weil sich Kristallzucker im Drink nicht lösen würde und kann auf Vorrat hergestellt werden: Erhitzen Sie in einem Topf 1/2 l Wasser und geben Sie 200 g Zucker dazu. Unter Rühren 1 Min. kochen, dann vom Herd nehmen und abkühlen lassen. In eine Flasche füllen, der Sirup hält sich im Kühlschrank mehrere Wochen. Kalorienbewusste können übrigens auch 2 Tropfen flüssigen Süßstoff verwenden.

LIKÖR „LALUNA"

Sie brauchen für etwa 1/2 l:
Je eine Hand voll Basilikum und Zitronenmelisse
3 unbehandelte Zitronen, 125 ml 90%igen Alkohol
250 g Zucker, 250 ml Wasser.

Die Kräuter und die abgeriebene Zitronenschale in eine Flasche füllen, Alkohol dazu geben und drei Wochen ziehen lassen, danach absieben. Den Zucker mit Wasser aufkochen, abkühlen lassen und unter den Kräuter-Alkohol mischen.

KRÄUTERÖL „MONDSCHEIN"

Sie brauchen für etwa 1/4 l:
1/2 Bund Basilikum, je ein Zweig frischen Rosmarin und Thymian, 1 Lorbeerblatt, 1 getrocknete Chilischote, etwa 220 ml kaltgepresstes Olivenöl

Die Kräuter waschen und trockentupfen, mit Lorbeerblatt und Chilischote in eine verschließbare, dunkle 1/4 l-Flasche geben. Mit Öl auffüllen, gut verschließen und etwa 2 Wochen an einem kühlen Ort ziehen lassen. Dann Kräuter abseihen und das gebrauchsfertige Öl wieder in die Flasche füllen. Gut verschlossen kühl und dunkel aufbewahren.

Pikante Gemüse-Genüsse

MÖHREN ORIENTALISCH

Sie brauchen für 4 Personen:
750 g zarte Möhren, 1 Zwiebel, 1 Knoblauchzehe
50 g Butter, 4 EL Mandelblättchen, abgeriebene Schale von 1/2 unbehandelten Zitrone, je 1 Prise gemahlenen Ingwer, Curry und Cayennepfeffer, Salz

Möhren waschen und in dünne Scheiben schneiden. Zwiebel und Knoblauch schälen und würfeln, in Butter glasig dünsten. Möhren dazugeben, knapp mit Wasser bedecken und zugedeckt etwa 10 Min. dünsten. Mandelblättchen und Zitronenschale zugeben, mit den Gewürzen abschmecken.

ZUCCHINI IN ÖL

Sie brauchen für 4 Gläser mit 650 ml Inhalt:
2 kg kleine Zucchini, 1 Bund Petersilie, $^1/_2$ l Weinessig, 1 EL Salz, 50 g Zucker, 4 Knoblauchzehen, 4 frische Chilischoten, etwa 1 l Olivenöl

Zucchini waschen, Stiele und Blütenansätze entfernen, Rest vierteln und in etwa 2 cm lange Stücke schneiden. Petersilie abzupfen und hacken. Essig mit 1 l Wasser, Salz und Zucker aufkochen, Zucchinistücke hineingeben und 2 Minuten kochen lassen. Dann Zucchini mit Schaumlöffel herausnehmen und abkühlen lassen. Zucchinistücke mit gehackter Petersilie mischen, zusammen mit je 1 Knoblauchzehe und Chilischote in die Gläser füllen. Mit Olivenöl aufgießen, bis die Zucchini bedeckt sind. Verschließen und vor dem Verzehr 1 Woche durchziehen lassen.

Süße Früchtchen

EXOTISCHES KÜRBISKOMPOTT

Sie brauchen für etwa 5 Gläser mit $^1/_2$ l:
2 kg Kürbisfleisch ohne Schale und Kerne
Schale von 1 unbehandelten Zitrone, Saft von 2 Zitronen, 2 Vanilleschoten, $^1/_2$ l Quittensaft (Reformhaus), 100 g Zucker, 10 Kardamomkapseln

Kürbis in kleine Würfel schneiden. Zitronenschale fein abschälen und in feine Streifen schneiden, mit dem Zitronensaft unter die Kürbiswürfel mischen. Vanilleschoten aufschlitzen, Mark auskratzen, Schoten halbieren. Alles zusammen mit dem Quittensaft in einen Topf geben und so viel Wasser angießen, dass die Kürbiswürfel gerade bedeckt sind. Zucker und Kardamomkapseln zugeben und alles etwa 15 Minuten köcheln lassen. In die sauberen Gläser füllen und sofort verschließen. Das Kompott hält sich etwa 1 Jahr.

APFELGELEE

Zutaten für etwa 5 Gläser zu $^1/_2$ l:
$1^1/_2$ l Apfelsaft, 2 kg Gelierzucker, 2 Limetten
$^1/_8$ l trockener Weißwein, 1 Handvoll kleine Minzeblättchen

Limetten heiß waschen, abtrocknen, dünn abschälen und Schale in 3 mm breite Streifen schneiden. Saft auspressen und durch ein Sieb gießen. Apfel- und Limettensaft mit Wein und Zucker unter Rühren zum Kochen bringen. Etwa 4 Minuten sprudelnd kochen lassen, dabei Schaum abschöpfen. Dann Topf vom Herd ziehen und einige Tropfen des Gelees auf einen kalten Teller träufeln. Geliert die Masse, kann sie abgefüllt werden, bleibt sie aber flüssig, muss sie noch ein paar Minuten kochen. Vor dem Abfüllen Limettenstreifen und Minzeblättchen unterrühren. In Gläser füllen und sofort verschließen. Während des Abkühlens mehrmals umdrehen, damit sich die Streifen und Blättchen gleichmäßig verteilen.

Für Ihre Schönheit und Gesundheit: Cremes, Badezusätze, Kräutertees

Der Mond wirkt nicht nur auf Pflanzen, unser Körper schwingt ebenfalls in seinem Rhythmus:

- Bei zunehmendem Mond ist die Haut besser durchblutet und nimmt Cremes leichter auf. Wenn Sie Ihr Haar bei zunehmendem Mond schneiden lassen, wächst es schneller nach.
- Bei abnehmendem Mond kann die Haut besser Giftstoffe ausscheiden und eine Tiefenreinigung schlägt besser an. Lassen Sie Ihr Haar in dieser Phase schneiden, wächst es langsamer nach, wird aber voller. Alle Zutaten für die folgenden Kosmetikprodukte, die Sie nicht selbst im biologischen Mondgarten ziehen können, sollten Sie im Fachhandel kaufen. Sammeln Sie Blüten möglichst nicht am Wegrand, da sie mit Schadstoffen belastet sein können. Die selbst hergestellten Schönheitsmittel halten kühl gelagert ein bis zwei Monate.

Körperpflege mit dem Mond

MELISSENCREME

Sie brauchen für etwa 300 ml Creme:
3 EL getrocknete Melissenblätter
15 g Bienenwachs
50 g Lanolinanhydrid
125 ml Jojobaöl
1 TL Bienenhonig

Brühen Sie die Melissenblätter mit 100 ml kochendem Wasser auf. Nach 10 Min. durch ein feines Sieb gießen und abkühlen lassen. Das Bienenwachs und das Lanolin im Wasserbad schmelzen lassen, das Öl unter Rühren langsam unterziehen. Dann den Aufguss aus den Melissenblättern löffelweise unterrühren. In die lauwarme Creme den Honig einrühren. Die abgekühlte Creme in verschließbare Gefäße abfüllen. Sie sollte im Kühlschrank gelagert werden. Die Creme wirkt heilend auf gereizte Haut, erfrischt, belebt, strafft und glättet Mischhaut und normale Haut.

RINGELBLUMENCREME

Sie brauchen für etwa 120 ml Creme:
20 g frische Ringelblumen-Blütenblätter
50 ml Weizenkeimöl
10 g Bienenwachs
5 g Propolispulver

Geben Sie die Blütenblätter in ein Schraubglas, gießen Sie das Öl dazu und verschließen Sie das Glas. Stellen Sie es in ein Wasserbad und erhitzen Sie es 1/2 Stunde lang auf etwa 80° C. Lassen Sie das Ringelblumenöl dann abkühlen und gießen Sie es durch ein Sieb ab. Bienenwachs in Wasserbad schmelzen, Ringelblumenöl zugeben und verrühren. Mischung 1/2 Stunde abkühlen lassen. Dann Propolispulver langsam einrühren. Creme in Töpfchen füllen und verschließen. Sie beruhigt leicht gereizte Haut und hilft gegen Hautunreinheiten. Auf normale Haut wirkt sie verfeinernd, pflegend und klärend.

JOHANNISKRAUTÖL

Sie brauchen für etwa 250 ml:
20 g frische Johanniskraut-Blüten
1/4 l kaltgepresstes Olivenöl

Die Blüten abzupfen, im Mörser zerstoßen und die Masse in eine Flasche mit breiter Öffnung geben. Das Öl darübergießen und gut verschließen. Für etwa zwei Wochen an einen warmen Platz stellen und alle zwei bis drei Tage den Inhalt durchschütteln. Dann das Öl durch ein Sieb gießen, dabei die Blüten mit dem Löffel gut ausdrücken. Fertiges Öl in eine getönte Flasche abfüllen und an einem dunklen Platz aufbewahren. Es lindert Entzündungen und ist ideal für die Massage.

KRÄUTERTONIKUM

Sie brauchen für etwa 850 ml:
25 g Salbeiblätter
15 g Rosmarinnadeln,
5 g Stiefmütterchenblüten
10 g Fenchelsamen
150 ml 95%igen Alkohol
300 ml Obstessig
200 ml Rosenwasser
200 ml destilliertes Wasser

Die Blüten sehr fein schneiden und den Fenchelsamen im Mörser zerstoßen. Das Ganze in ein Glasgefäß füllen und mit Alkohol bedecken, zugedeckt eine Nacht stehen lassen. Nun mischen Sie den Essig unter und lassen alles nochmals einen Tag ziehen. Den restlichen Alkohol, das Rosenwasser und destilliertes Wasser dazu geben, mischen. Nach sechs Stunden den Sud filtern und die Kräuter auspressen. In eine schöne Flasche abfüllen, verschließen und kühl aufbewahren. Dieses Tonikum ist für jeden Hauttyp geeignet, es wirkt kräftigend, entfettend und zieht die Poren zusammen.

AUGENKOMPRESSE

Sie brauchen für eine Kompresse:
Je 1 TL Lavendelblüten, Rosmarin, zerstoßenen Anis- und Fenchelsamen und Augentrost

Die Kräuter mit einer Tasse kochendem Wasser übergießen und nach fünf Minuten absieben. Tauchen Sie in den handwarmen Aufguss ein Mull-

Frisch geerntete Ringelblumenblüten sind die Grundlage für eine Hautcreme, die schon zu Großmutters Schönheitsgeheimnissen gehörte.

Biologisch gezogene Blüten aus dem Mondgarten ergeben besonders wirksame, pflegende und heilende Öle.

tuch und legen Sie die Kompresse für 15 Min. auf die Augen. Sie hilft bei geschwollenen Lidern und ist eine Wohltat bei geröteten, gereizten und ermüdeten Augen.

ROSMARIN-HAARSPÜLUNG

Sie brauchen für eine Spülung:
15 g Rosmarinnadeln
250 ml Wasser

Kochen Sie den Rosmarin mit dem Wasser auf und lassen Sie ihn eine Stunde ziehen, danach abseihen. Spülen Sie das frisch gewaschene Haar damit. Die Spülung wirkt belebend und stärkt Kopfhaut und Haare. Besonders gut wirkt sie bei abnehmendem Mond.

BLÜTEN-SHAMPOO

Sie brauchen für etwa 400 ml:
250 ml destilliertes Wasser
1 Hand voll Kamillenblüten
1 Hand voll Katzenminzeblüten
200 ml Shampoo-Basis

Kochen Sie das Wasser auf und gießen Sie es über die Blüten. Drei Stunden ziehen lassen, dann durch ein feines Sieb gießen und die Blüten mit dem Löffel gut ausdrücken. Sud in die Shampoo-Basis einrühren, in Flasche füllen und verschließen. Kamille pflegt Haar und Kopfhaut und verleiht blondem Haar seidigen Glanz. Katzenminze wirkt gegen Schuppen.

KRÄUTERBAD

Parfümieren Sie Ihr Badewasser doch einmal mit selbst gezogenen Kräutern wie Melisse, Lavendel oder Pfefferminze. Überbrühen Sie die Kräuter mit heißem Wasser und lassen Sie sie 15 Min. ziehen. Danach den gefilterten Sud ins Badewasser geben. Die obige Mischung wirkt entspannend.

ROSMARINBAD

Nehmen Sie vier Handvoll Rosmarinnadeln für den Kräutersud wie oben beschrieben, dazu noch ein paar Tropfen Rosmarinöl. Diese Mischung regt den Kreislauf kräftig an, deshalb nur morgens anwenden. Während der Schwangerschaft sollte sie nicht verwendet werden.

SALBEIBAD

Für den Sud kochen Sie zwei Hand voll Salbeiblätter und eine Hand voll Kamillenblüten ab. Er wirkt gut gegen unreine Haut.

SCHÖNHEITSBAD

Nehmen Sie je eine Hand voll Blüten von Lavendel, Salbei und Kamille, Rosmarinnadeln und Fenchelsamen, am besten aus dem Mondgarten und stellen Sie daraus einen Kräutersud her. Die Mischung wirkt anregend und reinigend zugleich, sie verschönert strapazierte Haut.

Gesundheit aus dem Mondgarten

BLÜTENHONIG GEGEN HUSTEN

Sie brauchen:
1 Glas Lindenblütenhonig
1 Handvoll Malvenblütenblätter
Je 1 EL Thymian- und Rosmarinblüten

Blüten in ein Glas geben, mit dem Honig übergießen, verschließen und zwei Wochen ziehen lassen. Dann abseihen und in sauberes Schraubglas füllen. Bei Husten den Tee damit süßen oder 1 TL davon langsam im Mund zergehen lassen. Der Honig wirkt besonders bei zunehmenden Mond. Anstatt der Malvenblütenblätter können Sie auch die von Stockrosen nehmen.

MAGENSCHMEICHLER

Sie brauchen:
Je 1 Hand voll frische Pfefferminze und Rosenblütenblätter, 1 EL Salbeiblüten, 1 TL Engelwurzsamen, 0,75 l milder Grappa

Die Zutaten in ein sauberes Glas füllen, verschließen und zwei Wochen an einem hellen Platz durchziehen lassen. Alle ein bis zwei Tage durchschütteln. Dann abseihen und nach Bedarf ein Glas davon trinken. Gut zur Verdauungsförderung vor und nach einem großen Festessen.

KRÄUTERBLÜTENTEE

Sie brauchen für zwei Tassen:
1 EL frische Blüten der Duftrose, je 1 TL frische Blüten von Holunder, Frauenmantel, Pfefferminze und Thymian

Die Blüten mit $^1/_2$ l heißem Wasser übergießen und etwa 5 Min. ziehen lassen. Dann abseihen, mit Honig süßen und in kleinen Schlucken trinken. Der Tee wirkt belebend und stärkend.

BAUERNGARTENTEE

Sie brauchen für ein Schraubglas:
Je 1 Hand voll getrocknete Blüten von Linde, Ringelblume, Monarde, Duftrose, je 1 Hand voll getrokknete Blätter von Brombeeren, Minze, Thymian und Zitronenmelisse

Alles leicht zerbröseln und gut mischen. In Schraubglas füllen und verschließen. Pro Tasse 1 EL der Mischung mit heißem Wasser aufgießen, 10 Min. ziehen lassen und abgießen.

Mond-Deko und -Geschenkideen

Lassen Sie sich bei Mondschein doch einmal zu überraschenden Dekorationen und phantasievollen Geschenken inspirieren! Vielleicht werden dann auch die Beschenkten „mondsüchtig"?

TISCHDEKORATION

Viele frische Blüten und Blätter eignen sich als Tischdekoration, wenn man sie gekonnt zusammenstellt: Einen angenehmen Duft verbreiten Maiglöckchen, Flieder, Salbei, Glockenblume und Ringelblume. Dazu passen sehr gut Blätter und Zweige von Zitronenmelisse, Duftpelargonien, Majoran, Thymian und Oregano. Arrangieren Sie die Pflanzenteile locker um die Gedecke auf dem Tisch.

ROSEN-HALBMOND

Frische Rosenblüten lassen sich an einem Draht gut zu einem Halbmond auffädeln. Biegen Sie den Draht bereits vorher entsprechend in Form. Nach dem Auffädeln an beiden Drahtenden kleine Korkstückchen befestigen, damit die Blütenblätter nicht verrutschen. Je dichter Sie die Blüten zusammenschieben, desto schöner wird der Blütenmond, der auch getrocknet noch hübsch aussieht.

DUFT-POTPOURRI

Es sind zum Beispiel getrocknete Rosen- und Lavendelblüten eine gute Kombination für hübsche Gefäße. Fügen Sie ganz nach Geschmack und Jahreszeit noch ein paar gehackte Zitrusschalen und aromatische Gewürze wie Zimtrinde hinzu und genießen Sie den Duft.

DUFTKISSEN

Duftkissen sind wieder voll im Trend! Dazu brauchen Sie nur ein paar schön gemusterte Stoffreste aus Baumwolle, Leinen oder Seide und bunte Bänder. Nähen Sie daraus ein halbmondförmiges Kissen, das Sie vor dem Zunähen mit duftenden getrockneten Blüten und Kräutern füllen.

HALBMOND-MUSTER

Für den Stempel brauchen Sie pro Motiv einen weißen Moosgummi (6x6 cm), ein Holzplättchen (6x7 cm) sowie eine Holzperle (1 cm Ø) aus dem Bastelgeschäft. Zeichnen Sie mit Filzstift einen Halbmond auf den Moosgummi. Sie können auch mehrere Gummis mit unterschiedlichen Mondphasen herstellen. Schneiden Sie nun mit einer Bastelschere die Konturen sorgfältig aus. Kleben Sie

TIPP

Eine günstige Alternative zu Moosgummi und Holz bietet übrigens der gute alte Kartoffeldruck: Halbieren Sie eine längliche Kartoffel. Zeichnen Sie auf die Schnittfläche einen Halbmond vor und stechen Sie mit einer Linolschnittfeder oder einem spitzen Messer die Konturen des Halbmondes aus, er soll erhaben stehen bleiben. Schneiden Sie dann das Kartoffelfleisch um den Halbmond herum 3–5 mm tief weg. Testen Sie den Stempel vor dem Druck und schärfen Sie, wenn nötig, noch einmal die Konturen.

den ausgeschnittenen Mond mit Alleskleber auf das Holzplättchen und auf der Rückseite die Holzperle als Griff fest. Lassen Sie den Kleber gut trocknen. Sie können mit dem Mondmotiv Stoffe, Stühle, Tische, Fliesen und Blumentöpfe verzieren. Wählen Sie die Qualität der Farben je nach Oberfläche. Bastelfarbe hält auf fast allen nicht zu glatten Oberflächen. Für Textilien, die gewaschen werden, empfiehlt sich spezielle Textilfarbe. Sie können den Stempel mit der Farbe bepinseln oder die Farbe in einen flachen Teller füllen und den Stempel darin eintauchen.

Eine richtig „vollmond-runde" Sache wird Ihr Balkon, wenn Sie auch noch dekorative und witzige Accessoires einsetzen.

Mond-inspiriert schenken

DUFTENDE SEIFENSCHALE

Ein kleines Mitbringsel fürs Bad ist immer willkommen! Seifen gibt es mittlerweile in gut sortierten Läden auch in Mondform. Kaufen Sie eine davon sowie eine schöne Porzellan-Seifenschale. Legen Sie die Seife in die Schale und drapieren Sie rundherum getrocknete Blüten aus Ihrem Mondgarten, die zum Duft der Seife passen.

DUFTKERZEN

Schwimmkerzen oder Teelichter gibt es inzwischen in vielerlei Duftnoten. Kaufen Sie solche, zu denen passende Blüten in Ihrem Mondgarten wachsen, sowie eine hübsche Schale. In diese kommen vier bis fünf Duftkerzen und frische Blütenblätter. Vor dem Anzünden der Kerzen muss in die Schale nur noch etwas Wasser gefüllt werden.

HIMMLISCHE VASE

So machen Sie aus einer schlichten Keramikvase ein himmlisches Schmuckstück – fast zu schade zum Verschenken: Bemalen Sie die Vase mit dunkelblauer Acrylfarbe. Schneiden Sie aus einem flachen Haushaltsschwamm eine Mondsichel und einen fünf bis sechsstrahligen Stern aus. Sobald die blaue Farbe getrocknet ist, folgt der nächste Arbeitsschritt: Füllen Sie gelbe Acrylfarbe in einen Teller, tauchen Sie die Schwämme vorsichtig ein und bedrucken Sie die Vase rundum damit. Nach dem Trocknen mit Klarlack besprühen.

Monddaten

FÜR FÜNF JAHRE

DIE STERNE, DIE BEGEHRT MAN NICHT,
MAN FREUT SICH IHRER PRACHT
UND MIT ENTZÜCKEN BLICKT MAN AUF
IN JEDER HEITERN NACHT.

Johann Wolfgang von Goethe

Mehr Erfolg durch den Mondkalender

Die Angaben in unserem Mondkalender beruhen auf den astronomischen Berechnungen des Goetheanums im schweizerischen Dornach. Sie finden darin alle günstigen, aber natürlich auch die wenigen besonders ungünstigen Tage für die ganze Palette von Arbeiten zur erfolgreichen Kultur von Pflanzen auf Balkon, Terrasse und im Garten. Damit Ihr grünes Paradies eine Augenweide werden kann.

Wo die Natur nicht will,
ist die Arbeit umsonst.
Seneca

Der Mond und seine geheimnisvollen Kräfte wirken nicht nur auf die Pflanzen, sondern auch auf Mensch und Tier.

AUCH DAS WETTER IST WICHTIG

Das Wetter jedoch kann in diesem Kalendarium natürlich nicht vorhergesagt und berücksichtigt werden. Für gewitzte Mondgärtnerinnen aber ist das weiter kein Problem: Sollte für Aussaat, Pflanzung oder Pflege an einem passenden Tag ungünstige Witterung herrschen, so weichen sie einfach auf den nächsten Termin aus, der für die gleichen Arbeiten vorteilhaft ist. Widmen Sie sich dann lieber in der gemütlichen Wohnung den kreativen Rezepten und Anleitungen, die Ihnen dieses „mondinspirierte" Buch ja ebenfalls bietet!

Weichen Sie auf die kulinarischen Mondgenüsse aus, wenn das Wetter gar zu unfreundlich ist. Oder trotzen Sie dem Schnupfenwetter mit Tees aus dem Mondgarten. Sie können bei schlechtem Wetter natürlich auch in Ruhe die Anlage eines wirklich „duften" neuen Mondgärtleins planen. Oder sind Ihnen die im Kalender verwendeten Begriffe wie auf- und absteigender Mond, Pflanzzeit oder Mondknoten noch nicht „in Fleisch und Blut" übergegangen? Das ist übrigens ganz normal, es geht jedem Mondgärtner-Lehrling so! Dann schmökern Sie sich doch einfach noch einmal durch das erste Kapitel, wo die Grundlagen erklärt werden. Sobald aber auch Petrus günstig gestimmt ist, können Sie sich mit Begeisterung als mondkundige Gärtnerin betätigen – Ihr grünes Paradies wird Ihnen die liebevolle Hingabe bald danken und viele freudige Überraschungen und Genüsse bieten!

MONDKALENDER 2000

Juli

Tag	Tierkreis	Tag	Mond	
01	♊(3)	Blüte	○	Pg
02	♋(0)	Blatt	☽	☊
03	♋	Blatt	☽	
04	♌(9)	Frucht	☽	
05	♌	Frucht	☽	
06	♍(20)	Wurzel	☽	
07	♍	Wurzel	☽	
08	♍	Wurzel	☽	
09	♍	Wurzel	☽	
10	♎(9)	Blüte	☽	
11	♏(22)	Blatt	☽	
12	♏	Blatt	☽	
13	♏	Blatt	☽	
14	♐(10)	Frucht	☽	
15	♐	Frucht	☽	Ag
16	♑(23)	Wurzel	●	☋
17	♑	Wurzel	☾	
18	♑	Wurzel	☾	
19	♒(8)	Blüte	☾	
20	♒	Blüte	☾	
21	♓(9)	Blatt	☾	
22	♓	Blatt	☾	
23	♓	Blatt	☾	
24	♈(8)	Frucht	☾	
25	♈	Frucht	☾	
26	♉(2)	Wurzel	☾	
27	♉	Wurzel	☾	
28	♊(14)	Blüte	☾	
29	♊	Blüte	☾	
30	♋(10)	Blatt	☾	Pg ☊
31	♌(20)	Frucht	○	

August

Tag	Tierkreis	Tag	Mond	
01	♌	Frucht	☽	
02	♌	Frucht	☽	
03	♍(5)	Wurzel	☽	
04	♍	Wurzel	☽	
05	♍	Wurzel	☽	
06	♎(16)	Blüte	☽	
07	♎	Blüte	☽	
08	♏(4)	Blatt	☽	
09	♏	Blatt	☽	
10	♐(16)	Frucht	☽	
11	♐	Frucht	☽	Ag
12	♐	Frucht	☽	☋
13	♑(5)	Wurzel	☽	
14	♑	Wurzel	☽	
15	♒(14)	Blüte	●	
16	♒	Blüte	☾	
17	♓(14)	Blatt	☾	
18	♓	Blatt	☾	
19	♓	Blatt	☾	
20	♈(14)	Frucht	☾	
21	♈	Frucht	☾	
22	♉(8)	Wurzel	☾	
23	♉	Wurzel	☾	
24	♊(22)	Blüte	☾	
25	♊	Blüte	☾	
26	♋(20)	Blatt	☾	☊
27	♋	Blatt	☾	Pg
28	♌(6)	Frucht	☾	
29	♌	Frucht	○	
30	♍(16)	Wurzel	☽	
31	♍	Wurzel	☽	

September

Tag	Tierkreis	Tag	Mond	
01	♍	Wurzel	☽	
02	♎(0)	Blüte	☽	
03	♎	Blüte	☽	
04	♏(12)	Blatt	☽	
05	♏	Blatt	☽	
06	♐(23)	Frucht	☽	
07	♐	Frucht	☽	
08	♐	Frucht	☽	Ag
09	♑(12)	Wurzel	☽	☋
10	♑	Wurzel	☽	
11	♒(20)	Blüte	☽	
12	♒	Blüte	☽	
13	♓(21)	Blatt	●	
14	♓	Blatt	☾	
15	♓	Blatt	☾	
16	♈(19)	Frucht	☾	
17	♈	Frucht	☾	
18	♉(14)	Wurzel	☾	
19	♉	Wurzel	☾	
20	♉	Wurzel	☾	
21	♊(4)	Blüte	☾	
22	♊	Blüte	☾	☊
23	♋(4)	Blatt	☾	
24	♌(15)	Frucht	☾	Pg
25	♌	Frucht	☾	
26	♌	Frucht	☾	
27	♍(1)	Wurzel	○	
28	♍	Wurzel	☽	
29	♍	Wurzel	☽	
30	♎(9)	Blüte	☽	

Oktober

Tag	Tierkreis	Tag	Mond	
01	♏(21)	Blatt	☽	
02	♏	Blatt	☽	
03	♏	Blatt	☽	
04	♐(7)	Frucht	☽	
05	♐	Frucht	☽	
06	♑(20)	Wurzel	☽	Ag ☋
07	♑	Wurzel	☽	
08	♑	Wurzel	☽	
09	♒(4)	Blüte	☽	
10	♒	Blüte	☽	
11	♓(5)	Blatt	☽	
12	♓	Blatt	☽	
13	♓	Blatt	●	
14	♈(2)	Frucht	☾	
15	♉(20)	Wurzel	☾	
16	♉	Wurzel	☾	
17	♉	Wurzel	☾	
18	♊(10)	Blüte	☾	
19	♊	Blüte	☾	Pg ☊
20	♋(9)	Blatt	☾	
21	♌(21)	Frucht	☾	
22	♌	Frucht	☾	
23	♌	Frucht	☾	
24	♍(9)	Wurzel	☾	
25	♍	Wurzel	☾	
26	♍	Wurzel	☾	
27	♎(18)	Blüte	○	
28	♎	Blüte	☽	
29	♏(5)	Blatt	☽	
30	♏	Blatt	☽	
31	♐(15)	Frucht	☽	

November

Tag	Tierkreis	Tag	Mond	
01	♐	Frucht	☽	
02	♐	Frucht	☽	☋
03	♑(3)	Wurzel	☽	Ag
04	♑	Wurzel	☽	
05	♒(12)	Blüte	☽	
06	♒	Blüte	☽	
07	♓(13)	Blatt	☽	
08	♓	Blatt	☽	
09	♓	Blatt	☽	
10	♈(10)	Frucht	☽	
11	♈	Frucht	●	
12	♉(3)	Wurzel	☾	
13	♉	Wurzel	☾	
14	♊(15)	Blüte	☾	
15	♊	Blüte	☾	Pg ☊
16	♋(14)	Blatt	☾	
17	♋	Blatt	☾	
18	♌(1)	Frucht	☾	
19	♌	Frucht	☾	
20	♍(14)	Wurzel	☾	
21	♍	Wurzel	☾	
22	♍	Wurzel	☾	
23	♍	Wurzel	☾	
24	♎(1)	Blüte	☾	
25	♏(12)	Blatt	☾	
26	♏	Blatt	○	
27	♐(23)	Frucht	☽	
28	♐	Frucht	☽	
29	♐	Frucht	☽	☋
30	♑(11)	Wurzel	☽	

Dezember

Tag	Tierkreis	Tag	Mond	
01	♑	Wurzel	☽	Ag
02	♒(20)	Blüte	☽	
03	♒	Blüte	☽	
04	♓(22)	Blatt	☽	
05	♓	Blatt	☽	
06	♓	Blatt	☽	
07	♈(20)	Frucht	☽	
08	♈	Frucht	☽	
09	♉(14)	Wurzel	☽	
10	♉	Wurzel	☽	
11	♉	Wurzel	●	
12	♊(1)	Blüte	☾	Pg
13	♋(22)	Blatt	☾	☊
14	♋	Blatt	☾	
15	♌(8)	Frucht	☾	
16	♌	Frucht	☾	
17	♍(19)	Wurzel	☾	
18	♍	Wurzel	☾	
19	♍	Wurzel	☾	
20	♍	Wurzel	☾	
21	♎(7)	Blüte	☾	
22	♏(19)	Blatt	☾	
23	♏	Blatt	☾	
24	♏	Blatt	☾	
25	♐(6)	Frucht	○	
26	♐	Frucht	☽	☋
27	♑(18)	Wurzel	☽	
28	♑	Wurzel	☽	Ag
29	♑	Wurzel	☽	
30	♒(3)	Blüte	☽	
31	♒	Blüte	☽	

Blüte = Blütentag
Blatt = Blatttag
Frucht = Fruchttag
Wurzel = Wurzeltag
Pflanzzeit

Tierkreisbilder

♑ Steinbock, ♒ Wassermann, ♓ Fische, ♈ Widder, ♉ Stier, ♊ Zwilling, ♋ Krebs, ♌ Löwe, ♍ Jungfrau, ♎ Waage, ♏ Skorpion, ♐ Schütze

Mondphasen

○ Neumond
☽ zunehmend
● Vollmond
☾ abnehmend

Ag Apogäum
Pg Perigäum
☊ aufst. Mondkn.
☋ abst. Mondkn.

(18) In Klammern stehen die Uhrzeiten, zu denen der Mond in ein Tierkreisbild eintritt. Tritt der Mond z.B. um 18.00 Uhr in das Tierkreisbild, muss bis 18.00 Uhr das Tierkreisbild des Vortages berücksichtigt werden. Die Sommerzeit (MESZ) wurde in die Zeitangaben einberechnet.

MONDKALENDER 2001

Januar

Tag	Tierkreis	Tagesart	Mond		
01	♓(5)	Blatt	☽		
02	♓	Blatt	☽		
03	♓	Blatt	☽		
04	♈(6)	Frucht	☽		
05	♈	Frucht	☽		
06	♉(1)	Wurzel	☽		
07	♉	Wurzel	☽		
08	♊(12)	Blüte	☽		
09	♊	Blüte	●		☊
10	♋(9)	Blatt	☾	Pg	
11	♌(18)	Frucht	☾		
12	♌	Frucht	☾		
13	♌	Frucht	☾		
14	♍(3)	Wurzel	☾		
15	♍	Wurzel	☾		
16	♍	Wurzel	☾		
17	♎(12)	Blüte	☾		
18	♎	Blüte	☾		
19	♏(0)	Blatt	☾		
20	♏	Blatt	☾		
21	♐(12)	Frucht	☾		
22	♐	Frucht	☾		☋
23	♐	Frucht	☾		
24	♑(0)	Wurzel	○	Ag	
25	♑	Wurzel	☽		
26	♒(9)	Blüte	☽		
27	♒	Blüte	☽		
28	♓(11)	Blatt	☽		
29	♓	Blatt	☽		
30	♓	Blatt	☽		
31	♈(13)	Frucht	☽		

Februar

Tag	Tierkreis	Tagesart	Mond		
01	♈	Frucht	☽		
02	♉(9)	Wurzel	☽		
03	♉	Wurzel	☽		
04	♊(23)	Blüte	☽		
05	♊	Blüte	☽		
06	♋(20)	Blatt	☽		☊
07	♋	Blatt	☽	Pg	
08	♌(5)	Frucht	●		
09	♌	Frucht	☾		
10	♍(13)	Wurzel	☾		
11	♍	Wurzel	☾		
12	♍	Wurzel	☾		
13	♎(20)	Blüte	☾		
14	♎	Blüte	☾		
15	♏(7)	Blatt	☾		
16	♏	Blatt	☾		
17	♐(18)	Frucht	☾		
18	♐	Frucht	☾		
19	♐	Frucht	☾		☋
20	♑(6)	Wurzel	☾	Ag	
21	♑	Wurzel	☾		
22	♒(15)	Blüte	☾		
23	♒	Blüte	○		
24	♓(17)	Blatt	☽		
25	♓	Blatt	☽		
26	♓	Blatt	☽		
27	♈(19)	Frucht	☽		
28	♈	Frucht	☽		

März

Tag	Tierkreis	Tagesart	Mond		
01	♉(16)	Wurzel	☽		
02	♉	Wurzel	☽		
03	♉	Wurzel	☽		
04	♊(7)	Blüte	☽		
05	♊	Blüte	☽		☊
06	♋(6)	Blatt	☽		
07	♌(16)	Frucht	☽		
08	♌	Frucht	☽	Pg	
09	♌	Frucht	●		
10	♍(0)	Wurzel	☾		
11	♍	Wurzel	☾		
12	♍	Wurzel	☾		
13	♎(5)	Blüte	☾		
14	♏(15)	Blatt	☾		
15	♏	Blatt	☾		
16	♏	Blatt	☾		
17	♐(1)	Frucht	☾		
18	♐	Frucht	☾		☋
19	♑(13)	Wurzel	☾		
20	♑	Wurzel	☾	Ag	
21	♒(22)	Blüte	☾		
22	♒	Blüte	☾		
23	♒	Blüte	☾		
24	♓(0)	Blatt	☾		
25	♓	Blatt	○		
26	♓	Blatt	☽		
27	♈(2)	Frucht	☽		
28	♉(22)	Wurzel	☽		
29	♉	Wurzel	☽		
30	♉	Wurzel	☽		
31	♊(13)	Blüte	☽		

April

Tag	Tierkreis	Tagesart	Mond		
01	♊	Blüte	☽		☊
02	♋(14)	Blatt	☽		
03	♋	Blatt	☽		
04	♌(2)	Frucht	☽		
05	♌	Frucht	☽	Pg	
06	♍(11)	Wurzel	☽		
07	♍	Wurzel	☽		
08	♍	Wurzel	●		
09	♎(16)	Blüte	☾		
10	♎	Blüte	☾		
11	♏(2)	Blatt	☾		
12	♏	Blatt	☾		
13	♐(10)	Frucht	☾		
14	♐	Frucht	☾		☋
15	♑(22)	Wurzel	☾		
16	♑	Wurzel	☾		
17	♑	Wurzel	☾	Ag	
18	♒(7)	Blüte	☾		
19	♒	Blüte	☾		
20	♓(8)	Blatt	☾		
21	♓	Blatt	☾		
22	♓	Blatt	☾		
23	♈(9)	Frucht	○		
24	♈	Frucht	☽		
25	♉(4)	Wurzel	☽		
26	♉	Wurzel	☽		
27	♊(20)	Blüte	☽		
28	♊	Blüte	☽		☊
29	♋(20)	Blatt	☽		
30	♋	Blatt	☽		

Mai

Tag	Tierkreis	Tagesart	Mond		
01	♌(8)	Frucht	☽		
02	♌	Frucht	☽	Pg	
03	♍(19)	Wurzel	☽		
04	♍	Wurzel	☽		
05	♍	Wurzel	☽		
06	♍	Wurzel	☽		
07	♎(1)	Blüte	●		
08	♏(11)	Blatt	☾		
09	♏	Blatt	☾		
10	♐(19)	Frucht	☾		
11	♐	Frucht	☾		☋
12	♐	Frucht	☾		
13	♑(6)	Wurzel	☾		
14	♑	Wurzel	☾		
15	♒(15)	Blüte	☾	Ag	
16	♒	Blüte	☾		
17	♓(17)	Blatt	☾		
18	♓	Blatt	☾		
19	♓	Blatt	☾		
20	♈(17)	Frucht	☾		
21	♈	Frucht	☾		
22	♉(13)	Wurzel	☾		
23	♉	Wurzel	○		
24	♉	Wurzel	☽		
25	♊(3)	Blüte	☽		☊
26	♊	Blüte	☽		
27	♋(2)	Blatt	☽	Pg	
28	♌(13)	Frucht	☽		
29	♌	Frucht	☽		
30	♍(24)	Wurzel	☽		
31	♍	Wurzel	☽		

Juni

Tag	Tierkreis	Tagesart	Mond		
01	♍	Wurzel	☽		
02	♍	Wurzel	☽		
03	♎(8)	Blüte	☽		
04	♏(19)	Blatt	☽		
05	♏	Blatt	☽		
06	♏	Blatt	●		
07	♐(3)	Frucht	☾		☋
08	♐	Frucht	☾		
09	♑(14)	Wurzel	☾		
10	♑	Wurzel	☾		
11	♒(22)	Blüte	☾	Ag	
12	♒	Blüte	☾		
13	♒	Blüte	☾		
14	♓(1)	Blatt	☾		
15	♓	Blatt	☾		
16	♓	Blatt	☾		
17	♈(2)	Frucht	☾		
18	♉(22)	Wurzel	☾		
19	♉	Wurzel	☾		
20	♉	Wurzel	☾		
21	♊(12)	Blüte	○		☊
22	♊	Blüte	☽		
23	♋(10)	Blatt	☽	Pg	
24	♌(20)	Frucht	☽		
25	♌	Frucht	☽		
26	♌	Frucht	☽		
27	♍(6)	Wurzel	☽		
28	♍	Wurzel	☽		
29	♍	Wurzel	☽		
30	♎(14)	Blüte	☽		

Blütentag
Blatttag
Fruchttag
Wurzeltag
Pflanzzeit

Tierkreisbilder

♑ Steinbock · ♒ Wassermann · ♓ Fische · ♈ Widder
♉ Stier · ♊ Zwilling · ♋ Krebs · ♌ Löwe
♍ Jungfrau · ♎ Waage · ♏ Skorpion · ♐ Schütze

Mondphasen

○ Neumond
☽ zunehmend
● Vollmond
☾ abnehmend

Ag Apogäum
Pg Perigäum
☊ aufst. Mondkn.
☋ abst. Mondkn.

(18) In Klammern stehen die Uhrzeiten, zu denen der Mond in ein Tierkreisbild eintritt. Tritt der Mond z.B. um 18.00 Uhr in das Tierkreisbild, muss bis 18.00 Uhr das Tierkreisbild des Vortages berücksichtigt werden. Die Sommerzeit (MESZ) wurde in die Zeitangaben einberechnet.

MONDKALENDER 2001

Juli

Tag	Tierkreis	Tag	Mondphase	
01	♎	Blütentag	☽	
02	♏(1)	Blatttag	☽	
03	♏	Blatttag	☽	
04	♐(10)	Fruchttag	☽	
05	♐	Fruchttag	●	☋
06	♑(21)	Wurzeltag	☾	
07	♑	Wurzeltag	☾	
08	♑	Wurzeltag	☾	
09	♒(6)	Blütentag	☾	Ag
10	♒	Blütentag	☾	
11	♓(8)	Blatttag	☾	
12	♓	Blatttag	☾	
13	♓	Blatttag	☾	
14	♈(11)	Fruchttag	☾	
15	♈	Fruchttag	☾	
16	♉(7)	Wurzeltag	☾	
17	♉	Wurzeltag	☾	
18	♊(22)	Blütentag	☾	
19	♊	Blütentag	☾	☊
20	♋(20)	Blatttag	○	
21	♋	Blatttag	☽	Pg
22	♌(5)	Fruchttag	☽	
23	♌	Fruchttag	☽	
24	♍(13)	Wurzeltag	☽	
25	♍	Wurzeltag	☽	
26	♍	Wurzeltag	☽	
27	♎(20)	Blütentag	☽	
28	♎	Blütentag	☽	
29	♏(7)	Blatttag	☽	
30	♏	Blatttag	☽	
31	♐(16)	Fruchttag	☽	

August

Tag	Tierkreis	Tag	Mondphase	
1	♐	Fruchttag	☽	☋
2	♐	Fruchttag	☽	
3	♑(3)	Wurzeltag	☽	
4	♑	Wurzeltag	●	
5	♒(12)	Blütentag	☾	Ag
6	♒	Blütentag	☾	
7	♓(15)	Blatttag	☾	
8	♓	Blatttag	☾	
9	♓	Blatttag	☾	
10	♈(18)	Fruchttag	☾	
11	♈	Fruchttag	☾	
12	♉(16)	Wurzeltag	☾	
13	♉	Wurzeltag	☾	
14	♉	Wurzeltag	☾	
15	♊(8)	Blütentag	☾	☊
16	♊	Blütentag	☾	
17	♋(6)	Blatttag	☾	
18	♌(16)	Fruchttag	☾	
19	♌	Fruchttag	○	Pg
20	♍(23)	Wurzeltag	☽	
21	♍	Wurzeltag	☽	
22	♍	Wurzeltag	☽	
23	♍	Wurzeltag	☽	
24	♎(3)	Blütentag	☽	
25	♏(13)	Blatttag	☽	
26	♏	Blatttag	☽	
27	♐(22)	Fruchttag	☽	
28	♐	Fruchttag	☽	☋
29	♐	Fruchttag	☽	
30	♑(9)	Wurzeltag	☽	
31	♑	Wurzeltag	☽	

September

Tag	Tierkreis	Tag	Mondphase	
01	♒(18)	Blütentag	☽	
02	♒	Blütentag	●	Ag
03	♓(20)	Blatttag	☾	
04	♓	Blatttag	☾	
05	♓	Blatttag	☾	
06	♈(0)	Fruchttag	☾	
07	♈	Fruchttag	☾	
08	♉(22)	Wurzeltag	☾	
09	♉	Wurzeltag	☾	
10	♉	Wurzeltag	☾	
11	♊(16)	Blütentag	☾	☊
12	♊	Blütentag	☾	
13	♋(16)	Blatttag	☾	
14	♋	Blatttag	☾	
15	♌(2)	Fruchttag	☾	
16	♌	Fruchttag	☾	Pg
17	♍(10)	Wurzeltag	○	
18	♍	Wurzeltag	☽	
19	♍	Wurzeltag	☽	
20	♎(12)	Blütentag	☽	
21	♏(21)	Blatttag	☽	
22	♏	Blatttag	☽	
23	♏	Blatttag	☽	
24	♐(5)	Fruchttag	☽	☋
25	♐	Fruchttag	☽	
26	♑(16)	Wurzeltag	☽	
27	♑	Wurzeltag	☽	
28	♒(0)	Blütentag	☽	
29	♒	Blütentag	☽	Ag
30	♒	Blütentag	☽	

Oktober

Tag	Tierkreis	Tag	Mondphase	
01	♓(3)	Blatttag	☽	
02	♓	Blatttag	●	
03	♓	Blatttag	☾	
04	♈(6)	Fruchttag	☾	
05	♈	Fruchttag	☾	
06	♉(4)	Wurzeltag	☾	
07	♉	Wurzeltag	☾	
08	♊(22)	Blütentag	☾	☊
09	♊	Blütentag	☾	
10	♋(23)	Blatttag	☾	
11	♋	Blatttag	☾	
12	♌(11)	Fruchttag	☾	
13	♌	Fruchttag	☾	
14	♍(20)	Wurzeltag	☾	
15	♍	Wurzeltag	☾	Pg
16	♍	Wurzeltag	○	
17	♎(22)	Blütentag	☽	
18	♎	Blütentag	☽	
19	♏(7)	Blatttag	☽	
20	♏	Blatttag	☽	
21	♐(13)	Fruchttag	☽	☋
22	♐	Fruchttag	☽	
23	♑(23)	Wurzeltag	☽	
24	♑	Wurzeltag	☽	
25	♑	Wurzeltag	☽	
26	♒(7)	Blütentag	☽	Ag
27	♒	Blütentag	☽	
28	♓(9)	Blatttag	☽	
29	♓	Blatttag	☽	
30	♓	Blatttag	☽	
31	♈(11)	Fruchttag	☽	

November

Tag	Tierkreis	Tag	Mondphase	
01	♈	Fruchttag	●	
02	♉(9)	Wurzeltag	☾	
03	♉	Wurzeltag	☾	
04	♉	Wurzeltag	☾	
05	♊(2)	Blütentag	☾	☊
06	♊	Blütentag	☾	
07	♋(4)	Blatttag	☾	
08	♌(16)	Fruchttag	☾	
09	♌	Fruchttag	☾	
10	♌	Fruchttag	☾	
11	♍(3)	Wurzeltag	☾	Pg
12	♍	Wurzeltag	☾	
13	♍	Wurzeltag	☾	
14	♎(8)	Blütentag	☾	
15	♏(17)	Blatttag	○	
16	♏	Blatttag	☽	
17	♐(22)	Fruchttag	☽	☋
18	♐	Fruchttag	☽	
19	♐	Fruchttag	☽	
20	♑(7)	Wurzeltag	☽	
21	♑	Wurzeltag	☽	
22	♒(15)	Blütentag	☽	
23	♒	Blütentag	☽	Ag
24	♓(18)	Blatttag	☽	
25	♓	Blatttag	☽	
26	♓	Blatttag	☽	
27	♈(21)	Fruchttag	☽	
28	♈	Fruchttag	☽	
29	♉(18)	Wurzeltag	☽	
30	♉	Wurzeltag	●	

Dezember

Tag	Tierkreis	Tag	Mondphase	
01	♉	Wurzeltag	☾	
02	♊(10)	Blütentag	☾	☊
03	♊	Blütentag	☾	
04	♋(11)	Blatttag	☾	
05	♌(22)	Fruchttag	☾	
06	♌	Fruchttag	☾	Pg
07	♌	Fruchttag	☾	
08	♍(10)	Wurzeltag	☾	
09	♍	Wurzeltag	☾	
10	♍	Wurzeltag	☾	
11	♎(16)	Blütentag	☾	
12	♎	Blütentag	☾	
13	♏(1)	Blatttag	☾	
14	♏	Blatttag	○	
15	♐(8)	Fruchttag	☽	☋
16	♐	Fruchttag	☽	
17	♑(16)	Wurzeltag	☽	
18	♑	Wurzeltag	☽	
19	♑	Wurzeltag	☽	
20	♒(0)	Blütentag	☽	
21	♒	Blütentag	☽	Ag
22	♓(2)	Blatttag	☽	
23	♓	Blatttag	☽	
24	♓	Blatttag	☽	
25	♈(6)	Fruchttag	☽	
26	♈	Fruchttag	☽	
27	♉(3)	Wurzeltag	☽	
28	♉	Wurzeltag	☽	
29	♊(19)	Blütentag	☽	☊
30	♊	Blütentag	●	
31	♋(19)	Blatttag	☾	

Blütentag
Blatttag
Fruchttag
Wurzeltag
Pflanzzeit

Tierkreisbilder

♑ Steinbock · ♒ Wassermann · ♓ Fische · ♈ Widder
♉ Stier · ♊ Zwilling · ♋ Krebs · ♌ Löwe
♍ Jungfrau · ♎ Waage · ♏ Skorpion · ♐ Schütze

Mondphasen

○ Neumond
☽ zunehmend
● Vollmond
☾ abnehmend
Ag Apogäum
Pg Perigäum
☊ aufst. Mondkn.
☋ abst. Mondkn.

(18) In Klammern stehen die Uhrzeiten, zu denen der Mond in ein Tierkreisbild eintritt. Tritt der Mond z.B. um 18.00 Uhr in das Tierkreisbild, muss bis 18.00 Uhr das Tierkreisbild des Vortages berücksichtigt werden. Die Sommerzeit (MESZ) wurde in die Zeitangaben einberechnet.

MONDKALENDER 2002

Januar

01	♋	Blatt	☾		
02	♌(5)	Frucht	☾	Pg	
03	♌	Frucht	☾		
04	♍(15)	Wurzel	☾		
05	♍	Wurzel	☾		
06	♍	Wurzel	☾		
07	♎(22)	Blüte	☾		
08	♎	Blüte	☾		
09	♏(8)	Blatt	☾		
10	♏	Blatt	☾		
11	♐(15)	Frucht	☾		☋
12	♐	Frucht	☾		
13	♐	Frucht	○		
14	♑(0)	Wurzel	☽		
15	♑	Wurzel	☽		
16	♒(7)	Blüte	☽		
17	♒	Blüte	☽		
18	♓(10)	Blatt	☽	Ag	
19	♓	Blatt	☽		
20	♓	Blatt	☽		
21	♈(14)	Frucht	☽		
22	♈	Frucht	☽		
23	♉(13)	Wurzel	☽		
24	♉	Wurzel	☽		
25	♉	Wurzel	☽		
26	♊(6)	Blüte	☽		☊
27	♊	Blüte	☽		
28	♋(5)	Blatt	●		
29	♌(15)	Frucht	☾		
30	♌	Frucht	☾	Pg	
31	♍(23)	Wurzel	☾		

Februar

01	♍	Wurzel	☾		
02	♍	Wurzel	☾		
03	♍	Wurzel	☾		
04	♎(4)	Blüte	☾		
05	♏(13)	Blatt	☾		
06	♏	Blatt	☾		
07	♐(21)	Frucht	☾		☋
08	♐	Frucht	☾		
09	♐	Frucht	☾		
10	♑(7)	Wurzel	☾		
11	♑	Wurzel	☾		
12	♒(14)	Blüte	○		
13	♒	Blüte	☽		
14	♓(17)	Blatt	☽	Ag	
15	♓	Blatt	☽		
16	♓	Blatt	☽		
17	♈(21)	Frucht	☽		
18	♈	Frucht	☽		
19	♉(21)	Wurzel	☽		
20	♉	Wurzel	☽		
21	♉	Wurzel	☽		
22	♊(16)	Blüte	☽		☊
23	♊	Blüte	☽		
24	♋(16)	Blatt	☽		
25	♋	Blatt	☽		
26	♌(2)	Frucht	☽		
27	♌	Frucht	●	Pg	
28	♍(9)	Wurzel	☾		

März

01	♍	Wurzel	☾		
02	♍	Wurzel	☾		
03	♎(11)	Blüte	☾		
04	♏(20)	Blatt	☾		
05	♏	Blatt	☾		
06	♏	Blatt	☾		☋
07	♐(2)	Frucht	☾		
08	♐	Frucht	☾		
09	♑(13)	Wurzel	☾		
10	♑	Wurzel	☾		
11	♒(20)	Blüte	☾		
12	♒	Blüte	☾		
13	♓(23)	Blatt	☾		
14	♓	Blatt	○	Ag	
15	♓	Blatt	☽		
16	♓	Blatt	☽		
17	♈(3)	Frucht	☽		
18	♈	Frucht	☽		
19	♉(3)	Wurzel	☽		
20	♉	Wurzel	☽		
21	♉	Wurzel	☽		☊
22	♊(0)	Blüte	☽		
23	♊	Blüte	☽		
24	♋(1)	Blatt	☽		
25	♌(13)	Frucht	☽		
26	♌	Frucht	☽		
27	♍(20)	Wurzel	☽		
28	♍	Wurzel	●	Pg	
29	♍	Wurzel	☾		
30	♎(21)	Blüte	☾		
31	♎	Blüte	☾		

April

01	♏(6)	Blatt	☾		
02	♏	Blatt	☾		☋
03	♐(11)	Frucht	☾		
04	♐	Frucht	☾		
05	♑(20)	Wurzel	☾		
06	♑	Wurzel	☾		
07	♑	Wurzel	☾		
08	♒(3)	Blüte	☾		
09	♒	Blüte	☾		
10	♓(6)	Blatt	☾	Ag	
11	♓	Blatt	☾		
12	♓	Blatt	○		
13	♈(10)	Frucht	☽		
14	♈	Frucht	☽		
15	♉(10)	Wurzel	☽		
16	♉	Wurzel	☽		
17	♉	Wurzel	☽		☊
18	♊(7)	Blüte	☽		
19	♊	Blüte	☽		
20	♋(9)	Blatt	☽		
21	♌(22)	Frucht	☽		
22	♌	Frucht	☽		
23	♌	Frucht	☽		
24	♍(8)	Wurzel	☽		
25	♍	Wurzel	☽	Pg	
26	♍	Wurzel	☽		
27	♎(9)	Blüte	●		
28	♏(16)	Blatt	☾		
29	♏	Blatt	☾		
30	♐(20)	Frucht	☾		☋

Mai

01	♐	Frucht	☾		
02	♐	Frucht	☾		
03	♑(3)	Wurzel	☾		
04	♑	Wurzel	☾		
05	♒(10)	Blüte	☾		
06	♒	Blüte	☾		
07	♓(13)	Blatt	☾	Ag	
08	♓	Blatt	☾		
09	♓	Blatt	☾		
10	♈(17)	Frucht	☾		
11	♈	Frucht	☾		
12	♉(16)	Wurzel	○		
13	♉	Wurzel	☽		
14	♉	Wurzel	☽		☊
15	♊(12)	Blüte	☽		
16	♊	Blüte	☽		
17	♋(15)	Blatt	☽		
18	♋	Blatt	☽		
19	♌(4)	Frucht	☽		
20	♌	Frucht	☽		
21	♍(15)	Wurzel	☽		
22	♍	Wurzel	☽		
23	♍	Wurzel	☽	Pg	
24	♎(19)	Blüte	☽		
25	♎	Blüte	☽		
26	♏(2)	Blatt	●		
27	♏	Blatt	☾		☋
28	♐(6)	Frucht	☾		
29	♐	Frucht	☾		
30	♑(12)	Wurzel	☾		
31	♑	Wurzel	☾		

Juni

1	♒(18)	Blüte	☾		
2	♒	Blüte	☾		
3	♓(20)	Blatt	☾		
4	♓	Blatt	☾	Ag	
5	♓	Blatt	☾		
6	♈(0)	Frucht	☾		
7	♈	Frucht	☾		
8	♉(23)	Wurzel	☾		
9	♉	Wurzel	☾		
10	♉	Wurzel	☾		☊
11	♊(19)	Blüte	○		
12	♊	Blüte	☽		
13	♋(21)	Blatt	☽		
14	♋	Blatt	☽		
15	♌(9)	Frucht	☽		
16	♌	Frucht	☽		
17	♍(21)	Wurzel	☽		
18	♍	Wurzel	☽		
19	♍	Wurzel	☽	Pg	
20	♍	Wurzel	☽		
21	♎(2)	Blüte	☽		
22	♏(11)	Blatt	☽		
23	♏	Blatt	☽		☋
24	♐(15)	Frucht	●		
25	♐	Frucht	☾		
26	♑(21)	Wurzel	☾		
27	♑	Wurzel	☾		
28	♑	Wurzel	☾		
29	♒(3)	Blüte	☾		
30	♒	Blüte	☾		

Blütentag
Blatttag
Fruchttag
Wurzeltag
Pflanzzeit

Tierkreisbilder

♑ Steinbock
♒ Wassermann
♓ Fische
♈ Widder
♉ Stier
♊ Zwilling
♋ Krebs
♌ Löwe
♍ Jungfrau
♎ Waage
♏ Skorpion
♐ Schütze

Mondphasen

○ Neumond
☽ zunehmend
● Vollmond
☾ abnehmend
Ag Apogäum
Pg Perigäum
☊ aufst. Mondkn.
☋ abst. Mondkn.

(18) In Klammern stehen die Uhrzeiten, zu denen der Mond in ein Tierkreisbild eintritt. Tritt der Mond z.B. um 18.00 Uhr in das Tierkreisbild, muss bis 18.00 Uhr das Tierkreisbild des Vortages berücksichtigt werden. Die Sommerzeit (MESZ) wurde in die Zeitangaben einberechnet.

MONDKALENDER 2002

Juli

Tag	Tierkreis	Tagtyp	Mond	Pflanzzeit	Sonstiges
01	♓(4)	Blatt	☾		
02	♓	Blatt	☾		Ag
03	♓	Blatt	☾		
04	♈(9)	Frucht	☾		
05	♈	Frucht	☾		
06	♉(8)	Wurzel	☾		
07	♉	Wurzel	☾		
08	♉	Wurzel	☾		☊
09	♊(3)	Blüte	☾	■	
10	♊	Blüte	○	■	
11	♋(4)	Blatt	☽	■	
12	♌(16)	Frucht	☽	■	
13	♌	Frucht	☽	■	
14	♌	Frucht	☽	■	Pg
15	♍(2)	Wurzel	☽	■	
16	♍	Wurzel	☽	■	
17	♍	Wurzel	☽	■	
18	♎(8)	Blüte	☽	■	
19	♏(17)	Blatt	☽	■	
20	♏	Blatt	☽	■	
21	♐(22)	Frucht	☽	■	☋
22	♐	Frucht	☽	■	
23	♐	Frucht	☽		
24	♑(5)	Wurzel	●		
25	♑	Wurzel	☾		
26	♒(11)	Blüte	☾		
27	♒	Blüte	☾		
28	♓(12)	Blatt	☾		
29	♓	Blatt	☾		
30	♓	Blatt	☾		Ag
31	♈(17)	Frucht	☾		

August

Tag	Tierkreis	Tagtyp	Mond	Pflanzzeit	Sonstiges
01	♈	Frucht	☾		
02	♉(16)	Wurzel	☾		
03	♉	Wurzel	☾		
04	♉	Wurzel	☾		☊
05	♊(13)	Blüte	☾		
06	♊	Blüte	☾	■	
07	♋(14)	Blatt	☾	■	
08	♋	Blatt	○	■	
09	♌(1)	Frucht	☽	■	
10	♌	Frucht	☽	■	
11	♍(10)	Wurzel	☽	■	Pg
12	♍	Wurzel	☽	■	
13	♍	Wurzel	☽	■	
14	♎(13)	Blüte	☽	■	
15	♏(22)	Blatt	☽	■	
16	♏	Blatt	☽	■	
17	♏	Blatt	☽	■	☋
18	♐(4)	Frucht	☽	■	
19	♐	Frucht	☽	■	
20	♑(12)	Wurzel	☽		
21	♑	Wurzel	☽		
22	♒(18)	Blüte	●		
23	♒	Blüte	☾		
24	♓(19)	Blatt	☾		
25	♓	Blatt	☾		
26	♓	Blatt	☾		Ag
27	♈(0)	Frucht	☾		
28	♈	Frucht	☾		
29	♉(0)	Wurzel	☾		
30	♉	Wurzel	☾		
31	♉	Wurzel	☾		☊

September

Tag	Tierkreis	Tagtyp	Mond	Pflanzzeit	Sonstiges
01	♊(22)	Blüte	☾	■	
02	♊	Blüte	☾	■	
03	♋(0)	Blatt	☾	■	
04	♋	Blatt	☾	■	
05	♌(11)	Frucht	☾	■	
06	♌	Frucht	☾	■	
07	♍(19)	Wurzel	○	■	
08	♍	Wurzel	☽	■	Pg
09	♍	Wurzel	☽	■	
10	♎(21)	Blüte	☽	■	
11	♎	Blüte	☽	■	
12	♏(5)	Blatt	☽	■	
13	♏	Blatt	☽	■	☋
14	♐(9)	Frucht	☽	■	
15	♐	Frucht	☽	■	
16	♑(17)	Wurzel	☽		
17	♑	Wurzel	☽		
18	♒(0)	Blüte	☽		
19	♒	Blüte	☽		
20	♒	Blüte	☽		
21	♓(1)	Blatt	●		
22	♓	Blatt	☾		
23	♓	Blatt	☾		Ag
24	♈(6)	Frucht	☾		
25	♈	Frucht	☾		
26	♉(7)	Wurzel	☾		
27	♉	Wurzel	☾		☊
28	♉	Wurzel	☾		
29	♊(5)	Blüte	☾		
30	♊	Blüte	☾	■	

Oktober

Tag	Tierkreis	Tagtyp	Mond	Pflanzzeit	Sonstiges
01	♋(9)	Blatt	☾	■	
02	♌(21)	Frucht	☾	■	
03	♌	Frucht	☾	■	
04	♌	Frucht	☾	■	
05	♍(6)	Wurzel	☾	■	
06	♍	Wurzel	○	■	Pg
07	♍	Wurzel	☽	■	
08	♎(7)	Blüte	☽	■	
09	♏(13)	Blatt	☽	■	
10	♏	Blatt	☽	■	☋
11	♐(16)	Frucht	☽	■	
12	♐	Frucht	☽	■	
13	♑(23)	Wurzel	☽		
14	♑	Wurzel	☽		
15	♑	Wurzel	☽		
16	♒(5)	Blüte	☽		
17	♒	Blüte	☽		
18	♓(7)	Blatt	☽		
19	♓	Blatt	☽		
20	♓	Blatt	☽		Ag
21	♈(12)	Frucht	●		
22	♈	Frucht	☾		
23	♉(13)	Wurzel	☾		
24	♉	Wurzel	☾		☊
25	♉	Wurzel	☾		
26	♊(11)	Blüte	☾		
27	♊	Blüte	☾	■	
28	♋(15)	Blatt	☾	■	
29	♋	Blatt	☾	■	
30	♌(5)	Frucht	☾	■	
31	♌	Frucht	☾	■	

November

Tag	Tierkreis	Tagtyp	Mond	Pflanzzeit	Sonstiges
01	♍(15)	Wurzel	☾	■	
02	♍	Wurzel	☾	■	
03	♍	Wurzel	☾	■	
04	♎(17)	Blüte	○	■	Pg
05	♏(23)	Blatt	☽	■	
06	♏	Blatt	☽	■	☋
07	♏	Blatt	☽	■	
08	♐(1)	Frucht	☽	■	
09	♐	Frucht	☽		
10	♑(6)	Wurzel	☽		
11	♑	Wurzel	☽		
12	♒(11)	Blüte	☽		
13	♒	Blüte	☽		
14	♓(13)	Blatt	☽		
15	♓	Blatt	☽		
16	♓	Blatt	☽		Ag
17	♈(18)	Frucht	☽		
18	♈	Frucht	☽		
19	♉(18)	Wurzel	☽		
20	♉	Wurzel	●		
21	♉	Wurzel	☾		☊
22	♊(16)	Blüte	☾		
23	♊	Blüte	☾	■	
24	♋(21)	Blatt	☾	■	
25	♋	Blatt	☾	■	
26	♌(11)	Frucht	☾	■	
27	♌	Frucht	☾	■	
28	♍(23)	Wurzel	☾	■	
29	♍	Wurzel	☾	■	
30	♍	Wurzel	☾	■	

Dezember

Tag	Tierkreis	Tagtyp	Mond	Pflanzzeit	Sonstiges
01	♍	Wurzel	☾	■	
02	♎(3)	Blüte	☾	■	Pg
03	♏(10)	Blatt	☾	■	
04	♏	Blatt	○	■	☋
05	♐(11)	Frucht	☽	■	
06	♐	Frucht	☽	■	
07	♑(16)	Wurzel	☽		
08	♑	Wurzel	☽		
09	♒(19)	Blüte	☽		
10	♒	Blüte	☽		
11	♓(20)	Blatt	☽		
12	♓	Blatt	☽		
13	♓	Blatt	☽		
14	♓	Blatt	☽		Ag
15	♈(1)	Frucht	☽		
16	♈	Frucht	☽		
17	♉(1)	Wurzel	☽		
18	♉	Wurzel	●		☊
19	♊(23)	Blüte	☾		
20	♊	Blüte	☾	■	
21	♊	Blüte	☾	■	
22	♋(3)	Blatt	☾	■	
23	♌(16)	Frucht	☾	■	
24	♌	Frucht	☾	■	
25	♌	Frucht	☾	■	
26	♍(5)	Wurzel	☾	■	
27	♍	Wurzel	☾	■	
28	♍	Wurzel	☾	■	
29	♎(11)	Blüte	☾	■	
30	♏(19)	Blatt	☾	■	Pg
31	♏	Blatt	☾	■	☋

Blüte = Blütentag
Blatt = Blatttag
Frucht = Fruchttag
Wurzel = Wurzeltag
■ = **Pflanzzeit**

Tierkreisbilder

♑ Steinbock
♒ Wassermann
♓ Fische
♈ Widder
♉ Stier
♊ Zwilling
♋ Krebs
♌ Löwe
♍ Jungfrau
♎ Waage
♏ Skorpion
♐ Schütze

Mondphasen

○ Neumond
☽ zunehmend
● Vollmond
☾ abnehmend
Ag Apogäum
Pg Perigäum
☊ aufst. Mondkn.
☋ abst. Mondkn.

(18) In Klammern stehen die Uhrzeiten, zu denen der Mond in ein Tierkreisbild eintritt. Tritt der Mond z.B. um 18.00 Uhr in das Tierkreisbild, muss bis 18.00 Uhr das Tierkreisbild des Vortages berücksichtigt werden. Die Sommerzeit (MESZ) wurde in die Zeitangaben einberechnet.

MONDKALENDER 2003

Januar

Tag	Tierkreis	Tag	Mond	
01	♐(21)	Frucht	☾	
02	♐	Frucht	○	
03	♐	Frucht	☽	
04	♑(2)	Wurzel	☽	
05	♑	Wurzel	☽	
06	♒(5)	Blüte	☽	
07	♒	Blüte	☽	
08	♓(5)	Blatt	☽	
09	♓	Blatt	☽	
10	♓	Blatt	☽	
11	♈(9)	Frucht	☽	Ag
12	♈	Frucht	☽	
13	♉(9)	Wurzel	☽	
14	♉	Wurzel	☽	☊
15	♉	Wurzel	☽	
16	♊(7)	Blüte	☽	
17	♊	Blüte	☽	
18	♋(10)	Blatt	●	
19	♌(23)	Frucht	☾	
20	♌	Frucht	☾	
21	♌	Frucht	☾	
22	♍(11)	Wurzel	☾	
23	♍	Wurzel	☾	Pg
24	♍	Wurzel	☾	
25	♎(17)	Blüte	☾	
26	♎	Blüte	☾	
27	♏(1)	Blatt	☾	☋
28	♏	Blatt	☾	
29	♐(5)	Frucht	☾	
30	♐	Frucht	☾	
31	♑(10)	Wurzel	☾	

Februar

Tag	Tierkreis	Tag	Mond	
01	♑	Wurzel	○	
02	♒(14)	Blüte	☽	
03	♒	Blüte	☽	
04	♓(13)	Blatt	☽	
05	♓	Blatt	☽	
06	♓	Blatt	☽	
07	♈(17)	Frucht	☽	Ag
08	♈	Frucht	☽	
09	♉(18)	Wurzel	☽	
10	♉	Wurzel	☽	☊
11	♉	Wurzel	☽	
12	♊(17)	Blüte	☽	
13	♊	Blüte	☽	
14	♋(20)	Blatt	☽	
15	♋	Blatt	☽	
16	♌(8)	Frucht	☽	
17	♌	Frucht	●	
18	♍(19)	Wurzel	☾	
19	♍	Wurzel	☾	Pg
20	♍	Wurzel	☾	
21	♎(22)	Blüte	☾	
22	♎	Blüte	☾	
23	♏(7)	Blatt	☾	☋
24	♏	Blatt	☾	
25	♐(11)	Frucht	☾	
26	♐	Frucht	☾	
27	♑(17)	Wurzel	☾	
28	♑	Wurzel	☾	

März

Tag	Tierkreis	Tag	Mond	
01	♒(21)	Blüte	☾	
02	♒	Blüte	☾	
03	♓(21)	Blatt	○	
04	♓	Blatt	☽	
05	♓	Blatt	☽	
06	♓	Blatt	☽	
07	♈(1)	Frucht	☽	Ag
08	♈	Frucht	☽	
09	♉(2)	Wurzel	☽	☊
10	♉	Wurzel	☽	
11	♉	Wurzel	☽	
12	♊(1)	Blüte	☽	
13	♊	Blüte	☽	
14	♋(6)	Blatt	☽	
15	♌(19)	Frucht	☽	
16	♌	Frucht	☽	
17	♌	Frucht	☽	
18	♍(5)	Wurzel	●	
19	♍	Wurzel	☾	Pg
20	♍	Wurzel	☾	
21	♎(6)	Blüte	☾	
22	♏(13)	Blatt	☾	☋
23	♏	Blatt	☾	
24	♐(16)	Frucht	☾	
25	♐	Frucht	☾	
26	♑(22)	Wurzel	☾	
27	♑	Wurzel	☾	
28	♑	Wurzel	☾	
29	♒(3)	Blüte	☾	
30	♒	Blüte	☾	
31	♓(4)	Blatt	☾	

April

Tag	Tierkreis	Tag	Mond	
01	♓	Blatt	○	
02	♓	Blatt	☽	
03	♈(8)	Frucht	☽	
04	♈	Frucht	☽	Ag
05	♉(9)	Wurzel	☽	☊
06	♉	Wurzel	☽	
07	♉	Wurzel	☽	
08	♊(10)	Blüte	☽	
09	♊	Blüte	☽	
10	♋(15)	Blatt	☽	
11	♋	Blatt	☽	
12	♌(5)	Frucht	☽	
13	♌	Frucht	☽	
14	♍(17)	Wurzel	☽	
15	♍	Wurzel	☽	
16	♍	Wurzel	●	
17	♎(18)	Blüte	☾	Pg
18	♏(0)	Blatt	☾	
19	♏	Blatt	☾	☋
20	♏	Blatt	☾	
21	♐(1)	Frucht	☾	
22	♐	Frucht	☾	
23	♑(5)	Wurzel	☾	
24	♑	Wurzel	☾	
25	♒(9)	Blüte	☾	
26	♒	Blüte	☾	
27	♓(10)	Blatt	☾	
28	♓	Blatt	☾	
29	♓	Blatt	☾	
30	♈(15)	Frucht	☾	

Mai

Tag	Tierkreis	Tag	Mond	
01	♈	Frucht	○	Ag
02	♉(15)	Wurzel	☽	
03	♉	Wurzel	☽	☊
04	♉	Wurzel	☽	
05	♊(16)	Blüte	☽	
06	♊	Blüte	☽	
07	♋(22)	Blatt	☽	
08	♋	Blatt	☽	
09	♌(13)	Frucht	☽	
10	♌	Frucht	☽	
11	♌	Frucht	☽	
12	♍(2)	Wurzel	☽	
13	♍	Wurzel	☽	
14	♍	Wurzel	☽	
15	♎(5)	Blüte	☽	Pg
16	♏(11)	Blatt	●	☋
17	♏	Blatt	☾	
18	♐(11)	Frucht	☾	
19	♐	Frucht	☾	
20	♑(14)	Wurzel	☾	
21	♑	Wurzel	☾	
22	♒(16)	Blüte	☾	
23	♒	Blüte	☾	
24	♓(16)	Blatt	☾	
25	♓	Blatt	☾	
26	♓	Blatt	☾	
27	♈(21)	Frucht	☾	
28	♈	Frucht	☾	Ag
29	♉(21)	Wurzel	☾	
30	♉	Wurzel	☾	☊
31	♉	Wurzel	○	

Juni

Tag	Tierkreis	Tag	Mond	
01	♊(22)	Blüte	☽	
02	♊	Blüte	☽	
03	♊	Blüte	☽	
04	♋(4)	Blatt		
05	♌(19)	Frucht	☽	
06	♌	Frucht	☽	
07	♌	Frucht	☽	
08	♍(10)	Wurzel	☽	
09	♍	Wurzel	☽	
10	♍	Wurzel	☽	
11	♎(14)	Blüte	☽	
12	♏(21)	Blatt	☽	☋
13	♏	Blatt	☽	Pg
14	♐(21)	Frucht	●	
15	♐	Frucht	☾	
16	♑(23)	Wurzel	☾	
17	♑	Wurzel	☾	
18	♑	Wurzel	☾	
19	♒(1)	Blüte	☾	
20	♓(0)	Blatt	☾	
21	♓	Blatt	☾	
22	♓	Blatt	☾	
23	♓	Blatt	☾	
24	♈(3)	Frucht	☾	
25	♈	Frucht	☾	Ag
26	♉(4)	Wurzel	☾	☊
27	♉	Wurzel	☾	
28	♉	Wurzel	☾	
29	♊(4)	Blüte	○	
30	♊	Blüte	☽	

Blüte – Blütentag
Blatt – Blatttag
Frucht – Fruchttag
Wurzel – Wurzeltag
Pflanzzeit (fett gedruckte Tage)

Tierkreisbilder

♑ Steinbock · ♒ Wassermann · ♓ Fische · ♈ Widder · ♉ Stier · ♊ Zwilling · ♋ Krebs · ♌ Löwe · ♍ Jungfrau · ♎ Waage · ♏ Skorpion · ♐ Schütze

Mondphasen

○ Neumond · ☽ zunehmend · ● Vollmond · ☾ abnehmend
Ag Apogäum · Pg Perigäum · ☊ aufst. Mondkn. · ☋ abst. Mondkn.

(18) In Klammern stehen die Uhrzeiten, zu denen der Mond in ein Tierkreisbild eintritt. Tritt der Mond z.B. um 18.00 Uhr in das Tierkreisbild, muss bis 18.00 Uhr das Tierkreisbild des Vortages berücksichtigt werden. Die Sommerzeit (MESZ) wurde in die Zeitangaben einberechnet.

MONDKALENDER 2003

Juli

01	♋(10)	Blatt	☽	
02	♋	Blatt	☽	
03	♌(1)	Frucht	☽	
04	♌	Frucht	☽	
05	♍(15)	Wurzel	☽	
06	♍	Wurzel	☽	
07	♍	Wurzel	☽	
08	♎(22)	Blüte	☽	
09	♎	Blüte	☽	
10	♏(6)	Blatt	☽	Pg ☋
11	♏	Blatt	☽	
12	♐(7)	Frucht	☽	
13	♐	Frucht	●	
14	♑(9)	Wurzel	☾	
15	♑	Wurzel	☾	
16	♒(10)	Blüte	☾	
17	♒	Blüte	☾	
18	♓(8)	Blatt	☾	
19	♓	Blatt	☾	
20	♓	Blatt	☾	
21	♈(11)	Frucht	☾	
22	♈	Frucht	☾	Ag
23	♉(12)	Wurzel	☾	☊
24	♉	Wurzel	☾	
25	♉	Wurzel	☾	
26	♊(11)	Blüte	☾	
27	♊	Blüte	☾	
28	♋(17)	Blatt	☾	
29	♋	Blatt	○	
30	♌(7)	Frucht	☽	
31	♌	Frucht	☽	

August

01	♍(21)	Wurzel	☽	
02	♍	Wurzel	☽	
03	♍	Wurzel	☽	
04	♍	Wurzel	☽	
05	♎(4)	Blüte	☽	
06	♏(12)	Blatt	☽	Pg ☋
07	♏	Blatt	☽	
08	♐(15)	Frucht	☽	
09	♐	Frucht	☽	
10	♑(18)	Wurzel	☽	
11	♑	Wurzel	☽	
12	♒(19)	Blüte	●	
13	♒	Blüte	☾	
14	♓(17)	Blatt	☾	
15	♓	Blatt	☾	
16	♓	Blatt	☾	
17	♈(19)	Frucht	☾	
18	♈	Frucht	☾	
19	♉(20)	Wurzel	☾	Ag ☊
20	♉	Wurzel	☾	
21	♉	Wurzel	☾	
22	♊(20)	Blüte	☾	
23	♊	Blüte	☾	
24	♊	Blüte	☾	
25	♋(1)	Blatt	☾	
26	♌(15)	Frucht	☾	
27	♌	Frucht	○	
28	♌	Frucht	☽	
29	♍(4)	Wurzel	☽	
30	♍	Wurzel	☽	
31	♍	Wurzel	☽	Pg

September

01	♎(9)	Blüte	☽	
02	♏(17)	Blatt	☽	☋
03	♏	Blatt	☽	
04	♐(20)	Frucht	☽	
05	♐	Frucht	☽	
06	♐	Frucht	☽	
07	♑(1)	Wurzel	☽	
08	♑	Wurzel	☽	
09	♒(3)	Blüte	☽	
10	♒	Blüte	●	
11	♓(1)	Blatt	☾	
12	♓	Blatt	☾	
13	♓	Blatt	☾	
14	♈(3)	Frucht	☾	
15	♈	Frucht	☾	
16	♉(3)	Wurzel	☾	Ag ☊
17	♉	Wurzel	☾	
18	♉	Wurzel	☾	
19	♊(4)	Blüte	☾	
20	♊	Blüte	☾	
21	♋(10)	Blatt	☾	
22	♋	Blatt	☾	
23	♌(1)	Frucht	☾	
24	♌	Frucht	☾	
25	♍(13)	Wurzel	☾	
26	♍	Wurzel	○	
27	♍	Wurzel	☽	
28	♎(17)	Blüte	☽	Pg
29	♏(0)	Blatt	☽	☋
30	♏	Blatt	☽	

Oktober

01	♏	Blatt	☽	
02	♐(2)	Frucht	☽	
03	♐	Frucht	☽	
04	♑(6)	Wurzel	☽	
05	♑	Wurzel	☽	
06	♒(9)	Blüte	☽	
07	♒	Blüte	☽	
08	♓(8)	Blatt	☽	
09	♓	Blatt	☽	
10	♓	Blatt	●	
11	♈(10)	Frucht	☾	
12	♈	Frucht	☾	
13	♉(11)	Wurzel	☾	☊
14	♉	Wurzel	☾	Ag
15	♉	Wurzel	☾	
16	♊(12)	Blüte	☾	
17	♊	Blüte	☾	
18	♋(19)	Blatt	☾	
19	♋	Blatt	☾	
20	♌(10)	Frucht	☾	
21	♌	Frucht	☾	
22	♍(0)	Wurzel	☾	
23	♍	Wurzel	☾	
24	♍	Wurzel	☾	
25	♍	Wurzel	○	
26	♎(1)	Blüte	☽	Pg ☋
27	♏(8)	Blatt	☽	
28	♏	Blatt	☽	
29	♐(8)	Frucht	☽	
30	♐	Frucht	☽	
31	♑(11)	Wurzel	☽	

November

01	♑	Wurzel	☽	
02	♒(13)	Blüte	☽	
03	♒	Blüte	☽	
04	♓(13)	Blatt	☽	
05	♓	Blatt	☽	
06	♓	Blatt	☽	
07	♈(15)	Frucht	☽	
08	♈	Frucht	☽	
09	♉(16)	Wurzel	●	☊
10	♉	Wurzel	☾	Ag
11	♉	Wurzel	☾	
12	♊(17)	Blüte	☾	
13	♊	Blüte	☾	
14	♊	Blüte	☾	
15	♋(1)	Blatt	☾	
16	♌(17)	Frucht	☾	
17	♌	Frucht	☾	
18	♌	Frucht	☾	
19	♍(9)	Wurzel	☾	
20	♍	Wurzel	☾	
21	♍	Wurzel	☾	
22	♎(13)	Blüte	☾	
23	♏(19)	Blatt	○	☋
24	♏	Blatt	☽	Pg
25	♐(18)	Frucht	☽	
26	♐	Frucht	☽	
27	♑(19)	Wurzel	☽	
28	♑	Wurzel	☽	
29	♒(20)	Blüte	☽	
30	♒	Blüte	☽	

Dezember

01	♓(19)	Blatt	☽	
02	♓	Blatt	☽	
03	♓	Blatt	☽	
04	♈(21)	Frucht	☽	
05	♈	Frucht	☽	
06	♉(22)	Wurzel	☽	☊
07	♉	Wurzel	☽	Ag
08	♉	Wurzel	●	
09	♊(23)	Blüte	☾	
10	♊	Blüte	☾	
11	♊	Blüte	☾	
12	♋(7)	Blatt	☾	
13	♌(23)	Frucht	☾	
14	♌	Frucht	☾	
15	♌	Frucht	☾	
16	♍(16)	Wurzel	☾	
17	♍	Wurzel	☾	
18	♍	Wurzel	☾	
19	♎(23)	Blüte	☾	
20	♎	Blüte	☾	☋
21	♏(6)	Blatt	☾	
22	♏	Blatt	☾	Pg
23	♐(6)	Frucht	○	
24	♐	Frucht	☽	
25	♑(6)	Wurzel	☽	
26	♑	Wurzel	☽	
27	♒(5)	Blüte	☽	
28	♒	Blüte	☽	
29	♓(2)	Blatt	☽	
30	♓	Blatt	☽	
31	♓	Blatt	☽	

Blütentag
Blatttag
Fruchttag
Wurzeltag
Pflanzzeit

Tierkreisbilder

♑ Steinbock
♒ Wassermann
♓ Fische
♈ Widder
♉ Stier
♊ Zwilling
♋ Krebs
♌ Löwe
♍ Jungfrau
♎ Waage
♏ Skorpion
♐ Schütze

Mondphasen

○ Neumond
☽ zunehmend
● Vollmond
☾ abnehmend
Ag Apogäum
Pg Perigäum
☊ aufst. Mondkn.
☋ abst. Mondkn.

(18) In Klammern stehen die Uhrzeiten, zu denen der Mond in ein Tierkreisbild eintritt. Tritt der Mond z.B. um 18.00 Uhr in das Tierkreisbild, muss bis 18.00 Uhr das Tierkreisbild des Vortages berücksichtigt werden. Die Sommerzeit (MESZ) wurde in die Zeitangaben einberechnet.

MONDKALENDER 2004

Pflanzzeit days (green on the page) are shown with the day in **bold**.

Januar

Tag	Tierkreis	Tag-Typ	Mond		Knoten
01	♈(4)	Frucht	☽		
02	♈	Frucht	☽		☊
03	♉(5)	Wurzel	☽	Ag	
04	♉	Wurzel	☽		
05	♉	Wurzel	☽		
06	♊(6)	Blüte	☽		
07	♊	Blüte	●		
08	♋(13)	Blatt	☾		
09	♋	Blatt	☾		
10	♌(5)	Frucht	☾		
11	♌	Frucht	☾		
12	♍(22)	Wurzel	☾		
13	♍	Wurzel	☾		
14	♍	Wurzel	☾		
15	♍	Wurzel	☾		
16	♎(7)	Blüte	☾		☋
17	♏(15)	Blatt	☾		
18	♏	Blatt	☾		
19	♐(16)	Frucht	☾	Pg	
20	♐	Frucht	☾		
21	♑(17)	Wurzel	○		
22	♑	Wurzel	☽		
23	♒(16)	Blüte	☽		
24	♒	Blüte	☽		
25	♓(11)	Blatt	☽		
26	♓	Blatt	☽		
27	♓	Blatt	☽		
28	♈(12)	Frucht	☽		
29	♈	Frucht	☽		☊
30	♉(12)	Wurzel	☽		
31	♉	Wurzel	☽	Ag	

Februar

Tag	Tierkreis	Tag-Typ	Mond		Knoten
01	♉	Wurzel	☽		
02	♊(13)	Blüte	☽		
03	♊	Blüte	☽		
04	♋(20)	Blatt	☽		
05	♋	Blatt	☽		
06	♌(12)	Frucht	●		
07	♌	Frucht	☾		
08	♌	Frucht	☾		
09	♍(4)	Wurzel	☾		
10	♍	Wurzel	☾		
11	♍	Wurzel	☾		
12	♎(12)	Blüte	☾		☋
13	♏(21)	Blatt	☾		
14	♏	Blatt	☾		
15	♏	Blatt	☾		
16	♐(0)	Frucht	☾	Pg	
17	♐	Frucht	☾		
18	♑(2)	Wurzel	☾		
19	♑	Wurzel	☾		
20	♒(1)	Blüte	○		
21	♓(21)	Blatt	☽		
22	♓	Blatt	☽		
23	♓	Blatt	☽		
24	♈(20)	Frucht	☽		
25	♈	Frucht	☽		
26	♉(20)	Wurzel	☽		☊
27	♉	Wurzel	☽		
28	♉	Wurzel	☽	Ag	
29	♊(21)	Blüte	☽		

März

Tag	Tierkreis	Tag-Typ	Mond		Knoten
01	♊	Blüte	☽		
02	♊	Blüte	☽		
03	♋(4)	Blatt	☽		
04	♌(20)	Frucht	☽		
05	♌	Frucht	☽		
06	♌	Frucht	☽		
07	♍(11)	Wurzel	●		
08	♍	Wurzel	☾		
09	♍	Wurzel	☾		
10	♎(18)	Blüte	☾		
11	♎	Blüte	☾		☋
12	♏(2)	Blatt	☾	Pg	
13	♏	Blatt	☾		
14	♐(5)	Frucht	☾		
15	♐	Frucht	☾		
16	♑(9)	Wurzel	☾		
17	♑	Wurzel	☾		
18	♒(9)	Blüte	☾		
19	♒	Blüte	☾		
20	♓(6)	Blatt	○		
21	♓	Blatt	☽		
22	♓	Blatt	☽		
23	♈(5)	Frucht	☽		
24	♈	Frucht	☽		☊
25	♉(4)	Wurzel	☽		
26	♉	Wurzel	☽		
27	♉	Wurzel	☽	Ag	
28	♊(6)	Blüte	☽		
29	♊	Blüte	☽		
30	♋(14)	Blatt	☽		
31	♋	Blatt	☽		

April

Tag	Tierkreis	Tag-Typ	Mond		Knoten
01	♌(6)	Frucht	☽		
02	♌	Frucht	☽		
03	♍(22)	Wurzel	☽		
04	♍	Wurzel	☽		
05	♍	Wurzel	●		
06	♍	Wurzel	☾		
07	♎(3)	Blüte	☾		☋
08	♏(10)	Blatt	☾	Pg	
09	♏	Blatt	☾		
10	♐(12)	Frucht	☾		
11	♐	Frucht	☾		
12	♑(15)	Wurzel	☾		
13	♑	Wurzel	☾		
14	♒(16)	Blüte	☾		
15	♒	Blüte	☾		
16	♓(14)	Blatt	☾		
17	♓	Blatt	☾		
18	♓	Blatt	☾		
19	♈(14)	Frucht	○		
20	♈	Frucht	☽		☊
21	♉(13)	Wurzel	☽		
22	♉	Wurzel	☽		
23	♉	Wurzel	☽		
24	♊(14)	Blüte	☽	Ag	
25	♊	Blüte	☽		
26	♋(22)	Blatt	☽		
27	♋	Blatt	☽		
28	♌(15)	Frucht	☽		
29	♌	Frucht	☽		
30	♌	Frucht	☽		

Mai

Tag	Tierkreis	Tag-Typ	Mond		Knoten
01	♍(8)	Wurzel	☽		
02	♍	Wurzel	☽		
03	♍	Wurzel	☽		
04	♎(13)	Blüte	●		☋
05	♏(20)	Blatt	☾		
06	♏	Blatt	☾	Pg	
07	♐(20)	Frucht	☾		
08	♐	Frucht	☾		
09	♑(21)	Wurzel	☾		
10	♑	Wurzel	☾		
11	♒(22)	Blüte	☾		
12	♒	Blüte	☾		
13	♓(19)	Blatt	☾		
14	♓	Blatt	☾		
15	♓	Blatt	☾		
16	♈(20)	Frucht	☾		
17	♈	Frucht	☾		☊
18	♉(20)	Wurzel	☾		
19	♉	Wurzel	○		
20	♉	Wurzel	☽		
21	♊(20)	Blüte	☽	Ag	
22	♊	Blüte	☽		
23	♊	Blüte	☽		
24	♋(5)	Blatt	☽		
25	♌(23)	Frucht	☽		
26	♌	Frucht	☽		
27	♌	Frucht	☽		
28	♍(17)	Wurzel	☽		
29	♍	Wurzel	☽		
30	♍	Wurzel	☽		
31	♎(0)	Blüte	☽		

Juni

Tag	Tierkreis	Tag-Typ	Mond		Knoten
01	♎	Blüte	☽		☋
02	♏(7)	Blatt	☽		
03	♏	Blatt	●	Pg	
04	♐(6)	Frucht	☾		
05	♐	Frucht	☾		
06	♑(6)	Wurzel	☾		
07	♑	Wurzel	☾		
08	♒(5)	Blüte	☾		
09	♒	Blüte	☾		
10	♓(1)	Blatt	☾		
11	♓	Blatt	☾		
12	♓	Blatt	☾		
13	♈(1)	Frucht	☾		☊
14	♈	Frucht	☾		
15	♉(1)	Wurzel	☾		
16	♉	Wurzel	☾		
17	♉	Wurzel	○	Ag	
18	♊(2)	Blüte	☽		
19	♊	Blüte	☽		
20	♋(11)	Blatt	☽		
21	♋	Blatt	☽		
22	♌(5)	Frucht	☽		
23	♌	Frucht	☽		
24	♍(0)	Wurzel	☽		
25	♍	Wurzel	☽		
26	♍	Wurzel	☽		
27	♍	Wurzel	☽		
28	♎(9)	Blüte	☽		☋
29	♏(17)	Blatt	☽		
30	♏	Blatt	☽		

- Blüte: Blütentag
- Blatt: Blatttag
- Frucht: Fruchttag
- Wurzel: Wurzeltag
- **Pflanzzeit**

Tierkreisbilder

- ♑ Steinbock
- ♒ Wassermann
- ♓ Fische
- ♈ Widder
- ♉ Stier
- ♊ Zwilling
- ♋ Krebs
- ♌ Löwe
- ♍ Jungfrau
- ♎ Waage
- ♏ Skorpion
- ♐ Schütze

Mondphasen

- ○ Neumond
- ☽ zunehmend
- ● Vollmond
- ☾ abnehmend
- Ag Apogäum
- Pg Perigäum
- ☊ aufst. Mondkn.
- ☋ abst. Mondkn.

(18) In Klammern stehen die Uhrzeiten, zu denen der Mond in ein Tierkreisbild eintritt. Tritt der Mond z.B. um 18.00 Uhr in das Tierkreisbild, muss bis 18.00 Uhr das Tierkreisbild des Vortages berücksichtigt werden. Die Sommerzeit (MESZ) wurde in die Zeitangaben einberechnet.

MONDKALENDER 2004

Juli

Tag	Tierkreis	Tagesart	Mond	Ag/Pg	Knoten
01	♐(17)	Frucht	☽	Pg	
02	♐	Frucht	●		
03	♑(16)	Wurzel	☾		
04	♑	Wurzel	☾		
05	♒(14)	Blüte	☾		
06	♒	Blüte	☾		
07	♓(9)	Blatt	☾		
08	♓	Blatt	☾		
09	♓	Blatt	☾		
10	♈(8)	Frucht	☾		
11	♈	Frucht	☾		☊
12	♉(7)	Wurzel	☾		
13	♉	Wurzel	☾		
14	♉	Wurzel	☾	Ag	
15	♊(8)	Blüte	☾		
16	♊	Blüte	☾		
17	♋(17)	Blatt	○		
18	♋	Blatt	☽		
19	♌(10)	Frucht	☽		
20	♌	Frucht	☽		
21	♌	Frucht	☽		
22	♍(5)	Wurzel	☽		
23	♍	Wurzel	☽		
24	♍	Wurzel	☽		
25	♎(17)	Blüte	☽		☋
26	♎	Blüte	☽		
27	♏(1)	Blatt	☽		
28	♏	Blatt	☽		
29	♐(3)	Frucht	☽		
30	♐	Frucht	☽	Pg	
31	♑(3)	Wurzel	●		

August

Tag	Tierkreis	Tagesart	Mond	Ag/Pg	Knoten
01	♒(0)	Blüte	☾		
02	♒	Blüte	☾		
03	♓(18)	Blatt	☾		
04	♓	Blatt	☾		
05	♓	Blatt	☾		
06	♈(15)	Frucht	☾		
07	♈	Frucht	☾		☊
08	♉(14)	Wurzel	☾		
09	♉	Wurzel	☾		
10	♉	Wurzel	☾		
11	♊(15)	Blüte	☾	Ag	
12	♊	Blüte	☾		
13	♋(23)	Blatt	☾		
14	♋	Blatt	☾		
15	♌(17)	Frucht	☾		
16	♌	Frucht	○		
17	♌	Frucht	☽		
18	♍(11)	Wurzel	☽		
19	♍	Wurzel	☽		
20	♍	Wurzel	☽		
21	♎(22)	Blüte	☽		☋
22	♎	Blüte	☽		
23	♏(7)	Blatt	☽		
24	♏	Blatt	☽		
25	♐(10)	Frucht	☽		
26	♐	Frucht	☽		
27	♑(12)	Wurzel	☽	Pg	
28	♑	Wurzel	☽		
29	♒(10)	Blüte	☽		
30	♒	Blüte	●		
31	♓(4)	Blatt	☾		

September

Tag	Tierkreis	Tagesart	Mond	Ag/Pg	Knoten
01	♓	Blatt	☾		
02	♈(0)	Frucht	☾		
03	♈	Frucht	☾		☊
04	♉(22)	Wurzel	☾		
05	♉	Wurzel	☾		
06	♉	Wurzel	☾		
07	♊(23)	Blüte	☾		
08	♊	Blüte	☾	Ag	
09	♊	Blüte	☾		
10	♋(7)	Blatt	☾		
11	♌(0)	Frucht	☾		
12	♌	Frucht	☾		
13	♌	Frucht	☾		
14	♍(18)	Wurzel	○		
15	♍	Wurzel	☽		
16	♍	Wurzel	☽		
17	♍	Wurzel	☽		☋
18	♎(4)	Blüte	☽		
19	♏(13)	Blatt	☽		
20	♏	Blatt	☽		
21	♐(16)	Frucht	☽		
22	♐	Frucht	☽	Pg	
23	♑(19)	Wurzel	☽		
24	♑	Wurzel	☽		
25	♒(18)	Blüte	☽		
26	♒	Blüte	☽		
27	♓(13)	Blatt	☽		
28	♓	Blatt	●		
29	♓	Blatt	☾		
30	♈(9)	Frucht	☾		☊

Oktober

Tag	Tierkreis	Tagesart	Mond	Ag/Pg	Knoten
01	♈	Frucht	☾		
02	♉(7)	Wurzel	☾		
03	♉	Wurzel	☾		
04	♉	Wurzel	☾		
05	♊(7)	Blüte	☾	Ag	
06	♊	Blüte	☾		
07	♋(15)	Blatt	☾		
08	♋	Blatt	☾		
09	♌(9)	Frucht	☾		
10	♌	Frucht	☾		
11	♌	Frucht	☾		
12	♍(3)	Wurzel	☾		
13	♍	Wurzel	☾		
14	♍	Wurzel	○		☋
15	♎(11)	Blüte	☽		
16	♏(19)	Blatt	☽		
17	♏	Blatt	☽		
18	♐(21)	Frucht	☽	Pg	
19	♐	Frucht	☽		
20	♑(0)	Wurzel	☽		
21	♑	Wurzel	☽		
22	♒(0)	Blüte	☽		
23	♒	Blüte	☽		
24	♓(20)	Blatt	☽		
25	♓	Blatt	☽		
26	♓	Blatt	☽		
27	♈(17)	Frucht	☽		☊
28	♈	Frucht	●		
29	♉(15)	Wurzel	☾		
30	♉	Wurzel	☾		
31	♉	Wurzel	☾		

November

Tag	Tierkreis	Tagesart	Mond	Ag/Pg	Knoten
01	♊(14)	Blüte	☾		
02	♊	Blüte	☾	Ag	
03	♋(22)	Blatt	☾		
04	♋	Blatt	☾		
05	♌(16)	Frucht	☾		
06	♌	Frucht	☾		
07	♌	Frucht	☾		
08	♍(11)	Wurzel	☾		
09	♍	Wurzel	☾		
10	♍	Wurzel	☾		
11	♎(20)	Blüte	☾		☋
12	♎	Blüte	○		
13	♏(3)	Blatt	☽		
14	♏	Blatt	☽	Pg	
15	♐(4)	Frucht	☽		
16	♐	Frucht	☽		
17	♑(5)	Wurzel	☽		
18	♑	Wurzel	☽		
19	♒(4)	Blüte	☽		
20	♒	Blüte	☽		
21	♓(1)	Blatt	☽		
22	♓	Blatt	☽		
23	♈(23)	Frucht	☽		
24	♈	Frucht	☽		☊
25	♉(21)	Wurzel	☽		
26	♉	Wurzel	●		
27	♉	Wurzel	☾		
28	♊(21)	Blüte	☾		
29	♊	Blüte	☾		
30	♊	Blüte	☾	Ag	

Dezember

Tag	Tierkreis	Tagesart	Mond	Ag/Pg	Knoten
01	♋(5)	Blatt	☾		
02	♋	Blatt	☾		
03	♌(0)	Frucht	☾		
04	♌	Frucht	☾		
05	♍(20)	Wurzel	☾		
06	♍	Wurzel	☾		
07	♍	Wurzel	☾		
08	♍	Wurzel	☾		☋
09	♎(7)	Blüte	☾		
10	♏(14)	Blatt	☾		
11	♏	Blatt	☾		
12	♐(14)	Frucht	○	Pg	
13	♐	Frucht	☽		
14	♑(14)	Wurzel	☽		
15	♑	Wurzel	☽		
16	♒(11)	Blüte	☽		
17	♒	Blüte	☽		
18	♓(6)	Blatt	☽		
19	♓	Blatt	☽		
20	♓	Blatt	☽		
21	♈(5)	Frucht	☽		☊
22	♈	Frucht	☽		
23	♉(3)	Wurzel	☽		
24	♉	Wurzel	☽		
25	♉	Wurzel	☽		
26	♊(3)	Blüte	●		
27	♊	Blüte	☾	Ag	
28	♋(12)	Blatt	☾		
29	♋	Blatt	☾		
30	♌(6)	Frucht	☾		
31	♌	Frucht	☾		

Blütentag
Blatttag
Fruchttag
Wurzeltag
Pflanzzeit

Tierkreisbilder

♑ Steinbock
♒ Wassermann
♓ Fische
♈ Widder
♉ Stier
♊ Zwilling
♋ Krebs
♌ Löwe
♍ Jungfrau
♎ Waage
♏ Skorpion
♐ Schütze

Mondphasen

○ Neumond
☽ zunehmend
● Vollmond
☾ abnehmend
Ag Apogäum
Pg Perigäum
☊ aufst. Mondkn.
☋ abst. Mondkn.

(18) In Klammern stehen die Uhrzeiten, zu denen der Mond in ein Tierkreisbild eintritt. Tritt der Mond z.B. um 18.00 Uhr in das Tierkreisbild, muss bis 18.00 Uhr das Tierkreisbild des Vortages berücksichtigt werden. Die Sommerzeit (MESZ) wurde in die Zeitangaben einberechnet.

MONDKALENDER 2005

Januar

01	♌	Frucht	☾	
02	♍(4)	Wurzel	☾	
03	♍	Wurzel	☾	
04	♍	Wurzel	☾	☋
05	♎(17)	Blüte	☾	
06	♎	Blüte	☾	
07	♏(1)	Blatt	☾	
08	♏	Blatt	☾	
09	♐(2)	Frucht	☾	
10	♐	Frucht	○	Pg
11	♑(1)	Wurzel	☽	
12	♒(21)	Blüte	☽	
13	♒	Blüte	☽	
14	♓(15)	Blatt	☽	
15	♓	Blatt	☽	
16	♓	Blatt	☽	
17	♈(11)	Frucht	☽	☊
18	♈	Frucht	☽	
19	♉(9)	Wurzel	☽	
20	♉	Wurzel	☽	
21	♉	Wurzel	☽	
22	♊(9)	Blüte	☽	
23	♊	Blüte	☽	Ag
24	♋(18)	Blatt	☽	
25	♋	Blatt	●	
26	♌(12)	Frucht	☾	
27	♌	Frucht	☾	
28	♌	Frucht	☾	
29	♍(9)	Wurzel	☾	
30	♍	Wurzel	☾	
31	♍	Wurzel	☾	☋

Februar

01	♍	Wurzel	☾	
02	♎(0)	Blüte	☾	
03	♏(10)	Blatt	☾	
04	♏	Blatt	☾	
05	♐(12)	Frucht	☾	
06	♐	Frucht	☾	
07	♑(12)	Wurzel	☾	Pg
08	♑	Wurzel	○	
09	♒(8)	Blüte	☽	
10	♒	Blüte	☽	
11	♓(1)	Blatt	☽	
12	♓	Blatt	☽	
13	♈(19)	Frucht	☽	☊
14	♈	Frucht	☽	
15	♉(16)	Wurzel	☽	
16	♉	Wurzel	☽	
17	♉	Wurzel	☽	
18	♊(16)	Blüte	☽	
19	♊	Blüte	☽	
20	♊	Blüte	☽	Ag
21	♋(1)	Blatt	☽	
22	♌(19)	Frucht	☽	
23	♌	Frucht	☽	
24	♌	Frucht	●	
25	♍(15)	Wurzel	☾	
26	♍	Wurzel	☾	
27	♍	Wurzel	☾	
28	♍	Wurzel	☾	☋

März

01	♎(6)	Blüte	☾	
02	♏(16)	Blatt	☾	
03	♏	Blatt	☾	
04	♐(19)	Frucht	☾	
05	♐	Frucht	☾	
06	♑(21)	Wurzel	☾	
07	♑	Wurzel	☾	
08	♒(19)	Blüte	☾	Pg
09	♒	Blüte	☾	
10	♓(12)	Blatt	○	
11	♓	Blatt	☽	
12	♓	Blatt	☽	☊
13	♈(5)	Frucht	☽	
14	♈	Frucht	☽	
15	♉(1)	Wurzel	☽	
16	♉	Wurzel	☽	
17	♊(23)	Blüte	☽	
18	♊	Blüte	☽	
19	♊	Blüte	☽	Ag
20	♋(8)	Blatt	☽	
21	♋	Blatt	☽	
22	♌(2)	Frucht	☽	
23	♌	Frucht	☽	
24	♍(22)	Wurzel	☽	
25	♍	Wurzel	●	
26	♍	Wurzel	☾	
27	♍	Wurzel	☾	☋
28	♎(12)	Blüte	☾	
29	♏(22)	Blatt	☾	
30	♏	Blatt	☾	
31	♏	Blatt	☾	

April

01	♐(2)	Frucht	☾	
02	♐	Frucht	☾	
03	♑(5)	Wurzel	☾	
04	♑	Wurzel	☾	Pg
05	♒(4)	Blüte	☾	
06	♓(22)	Blatt	☾	
07	♓	Blatt	☾	
08	♓	Blatt	○	
09	♈(16)	Frucht	☽	☊
10	♈	Frucht	☽	
11	♉(11)	Wurzel	☽	
12	♉	Wurzel	☽	
13	♉	Wurzel	☽	
14	♊(9)	Blüte	☽	
15	♊	Blüte	☽	
16	♋(17)	Blatt	☽	Ag
17	♋	Blatt	☽	
18	♌(11)	Frucht	☽	
19	♌	Frucht	☽	
20	♌	Frucht	☽	
21	♍(8)	Wurzel	☽	
22	♍	Wurzel	☽	
23	♍	Wurzel	☽	☋
24	♎(20)	Blüte	●	
25	♎	Blüte	☾	
26	♏(5)	Blatt	☾	
27	♏	Blatt	☾	
28	♐(8)	Frucht	☾	
29	♐	Frucht	☾	Pg
30	♑(10)	Wurzel	☾	

Mai

01	♑	Wurzel	☾	
02	♒(9)	Blüte	☾	
03	♒	Blüte	☾	
04	♓(4)	Blatt	☾	
05	♓	Blatt	☾	
06	♈(0)	Frucht	☾	☊
07	♈	Frucht	☾	
08	♉(20)	Wurzel	○	
09	♉	Wurzel	☽	
10	♉	Wurzel	☽	
11	♊(17)	Blüte	☽	
12	♊	Blüte	☽	
13	♊	Blüte	☽	
14	♋(1)	Blatt	☽	Ag
15	♌(19)	Frucht	☽	
16	♌	Frucht	☽	
17	♌	Frucht	☽	
18	♍(17)	Wurzel	☽	
19	♍	Wurzel	☽	
20	♍	Wurzel	☽	☋
21	♍	Wurzel	☽	
22	♎(5)	Blüte	☽	
23	♏(14)	Blatt	●	
24	♏	Blatt	☾	
25	♐(15)	Frucht	☾	
26	♐	Frucht	☾	Pg
27	♑(16)	Wurzel	☾	
28	♑	Wurzel	☾	
29	♒(15)	Blüte	☾	
30	♒	Blüte	☾	
31	♓(10)	Blatt	☾	

Juni

01	♓	Blatt	☾	
02	♓	Blatt	☾	☊
03	♈(6)	Frucht	☾	
04	♈	Frucht	☾	
05	♉(3)	Wurzel	☾	
06	♉	Wurzel	○	
07	♊(0)	Blüte	☽	
08	♊	Blüte	☽	
09	♊	Blüte	☽	
10	♋(8)	Blatt	☽	
11	♋	Blatt	☽	Ag
12	♌(3)	Frucht	☽	
13	♌	Frucht	☽	
14	♌	Frucht	☽	
15	♍(1)	Wurzel	☽	
16	♍	Wurzel	☽	
17	♍	Wurzel	☽	☋
18	♎(15)	Blüte	☽	
19	♏(0)	Blatt	☽	
20	♏	Blatt	☽	
21	♏	Blatt	☽	
22	♐(1)	Frucht	●	
23	♐	Frucht	☾	Pg
24	♑(1)	Wurzel	☾	
25	♒(22)	Blüte	☾	
26	♒	Blüte	☾	
27	♓(16)	Blatt	☾	
28	♓	Blatt	☾	
29	♓	Blatt	☾	☊
30	♈(11)	Frucht	☾	

Blüte: Blütentag
Blatt: Blatttag
Frucht: Fruchttag
Wurzel: Wurzeltag
Pflanzzeit

Tierkreisbilder

♑ Steinbock — ♉ Stier — ♍ Jungfrau
♒ Wassermann — ♊ Zwilling — ♎ Waage
♓ Fische — ♋ Krebs — ♏ Skorpion
♈ Widder — ♌ Löwe — ♐ Schütze

Mondphasen

○ Neumond — Ag Apogäum
☽ zunehmend — Pg Perigäum
● Vollmond — ☊ aufst. Mondkn.
☾ abnehmend — ☋ abst. Mondkn.

(18) In Klammern stehen die Uhrzeiten, zu denen der Mond in ein Tierkreisbild eintritt. Tritt der Mond z.B. um 18.00 Uhr in das Tierkreisbild, muss bis 18.00 Uhr das Tierkreisbild des Vortages berücksichtigt werden. Die Sommerzeit (MESZ) wurde in die Zeitangaben einberechnet.

MONDKALENDER 2005

Juli

01	♈	Frucht	☾		
02	♉(9)	Wurzel	☾		
03	♉	Wurzel	☾		
04	♉	Wurzel	☾		
05	♊(7)	Blüte	☾		
06	♊	Blüte	○		
07	♋(15)	Blatt	☽		
08	♋	Blatt	☽	Ag	
09	♌(9)	Frucht	☽		
10	♌	Frucht	☽		
11	♌	Frucht	☽		
12	♍(8)	Wurzel	☽		
13	♍	Wurzel	☽		
14	♍	Wurzel	☽		☋
15	♎(0)	Blüte	☽		
16	♎	Blüte	☽		
17	♏(10)	Blatt	☽		
18	♏	Blatt	☽		
19	♐(12)	Frucht	☽		
20	♐	Frucht	☽		
21	♑(11)	Wurzel	●	Pg	
22	♑	Wurzel	☾		
23	♒(7)	Blüte	☾		
24	♓(0)	Blatt	☾		
25	♓	Blatt	☾		
26	♓	Blatt	☾		☊
27	♈(18)	Frucht	☾		
28	♈	Frucht	☾		
29	♉(14)	Wurzel	☾		
30	♉	Wurzel	☾		
31	♉	Wurzel	☾		

August

01	♊(12)	Blüte	☾		
02	♊	Blüte	☾		
03	♋(21)	Blatt	☾		
04	♋	Blatt	☾	Ag	
05	♌(15)	Frucht	○		
06	♌	Frucht	☽		
07	♌	Frucht	☽		
08	♍(14)	Wurzel	☽		
09	♍	Wurzel	☽		
10	♍	Wurzel	☽		☋
11	♍	Wurzel	☽		
12	♎(8)	Blüte	☽		
13	♏(19)	Blatt	☽		
14	♏	Blatt	☽		
15	♐(22)	Frucht	☽		
16	♐	Frucht	☽		
17	♑(23)	Wurzel	☽		
18	♑	Wurzel	☽		
19	♒(19)	Blüte	●	Pg	
20	♒	Blüte	☾		
21	♓(11)	Blatt	☾		
22	♓	Blatt	☾		
23	♓	Blatt	☾		☊
24	♈(3)	Frucht	☾		
25	♉(22)	Wurzel	☾		
26	♉	Wurzel	☾		
27	♉	Wurzel	☾		
28	♊(19)	Blüte	☾		
29	♊	Blüte	☾		
30	♊	Blüte	☾		
31	♋(4)	Blatt	☾		

September

01	♌(22)	Frucht	☾	Ag	
02	♌	Frucht	☾		
03	♌	Frucht	○		
04	♍(20)	Wurzel	☽		
05	♍	Wurzel	☽		
06	♍	Wurzel	☽		☋
07	♍	Wurzel	☽		
08	♎(14))	Blüte	☽		
09	♎	Blüte	☽		
10	♏(1)	Blatt	☽		
11	♏	Blatt	☽		
12	♐(6)	Frucht	☽		
13	♐	Frucht	☽		
14	♑(8)	Wurzel	☽		
15	♑	Wurzel	☽		
16	♒(5)	Blüte	☽	Pg	
17	♓(22)	Blatt	☽		
18	♓	Blatt	●		
19	♓	Blatt	☾		☊
20	♈(13)	Frucht	☾		
21	♈	Frucht	☾		
22	♉(7)	Wurzel	☾		
23	♉	Wurzel	☾		
24	♉	Wurzel	☾		
25	♊(3)	Blüte	☾		
26	♊	Blüte	☾		
27	♋(10)	Blatt	☾		
28	♋	Blatt	☾	Ag	
29	♌(5)	Frucht	☾		
30	♌	Frucht	☾		

Oktober

01	♌	Frucht	☾		
02	♍(3)	Wurzel	☾		
03	♍	Wurzel	○		☋
04	♍	Wurzel	☽		
05	♎(19)	Blüte	☽		
06	♎	Blüte	☽		
07	♏(6)	Blatt	☽		
08	♏	Blatt	☽		
09	♐(12)	Frucht	☽		
10	♐	Frucht	☽		
11	♑(15)	Wurzel	☽		
12	♑	Wurzel	☽		
13	♒(14)	Blüte	☽		
14	♒	Blüte	☽	Pg	
15	♓(7)	Blatt	☽		
16	♓	Blatt	☽		☊
17	♈(23)	Frucht	●		
18	♈	Frucht	☾		
19	♉(17)	Wurzel	☾		
20	♉	Wurzel	☾		
21	♉	Wurzel	☾		
22	♊(11)	Blüte	☾		
23	♊	Blüte	☾		
24	♋(18)	Blatt	☾		
25	♋	Blatt	☾		
26	♌(13)	Frucht	☾	Ag	
27	♌	Frucht	☾		
28	♌	Frucht	☾		
29	♍(11)	Wurzel	☾		
30	♍	Wurzel	☾		
31	♍	Wurzel	☾		☋

November

01	♍	Wurzel	☾		
02	♎(2)	Blüte	○		
03	♏(12)	Blatt	☽		
04	♏	Blatt	☽		
05	♐(16)	Frucht	☽		
06	♐	Frucht	☽		
07	♑(20)	Wurzel	☽		
08	♑	Wurzel	☽		
09	♒(19)	Blüte	☽		
10	♒	Blüte	☽	Pg	
11	♓(13)	Blatt	☽		
12	♓	Blatt	☽		
13	♓	Blatt	☽		☊
14	♈(7)	Frucht	☽		
15	♈	Frucht	☽		
16	♉(1)	Wurzel	●		
17	♉	Wurzel	☾		
18	♊(19)	Blüte	☾		
19	♊	Blüte	☾		
20	♊	Blüte	☾		
21	♋(2)	Blatt	☾		
22	♌(20)	Frucht	☾		
23	♌	Frucht	☾	Ag	
24	♌	Frucht	☾		
25	♍(19)	Wurzel	☾		
26	♍	Wurzel	☾		
27	♍	Wurzel	☾		☋
28	♍	Wurzel	☾		
29	♎(11)	Blüte	☾		
30	♏(20)	Blatt	☾		

Dezember

01	♏	Blatt	○		
02	♏	Blatt	☽		
03	♐(0)	Frucht	☽		
04	♐	Frucht	☽		
05	♑(2)	Wurzel	☽	Pg	
06	♑	Wurzel	☽		
07	♒(0)	Blüte	☽		
08	♓(19)	Blatt	☽		
09	♓	Blatt	☽		
10	♓	Blatt	☽		☊
11	♈(13)	Frucht	☽		
12	♈	Frucht	☽		
13	♉(9)	Wurzel	☽		
14	♉	Wurzel	☽		
15	♉	Wurzel	●		
16	♊(4)	Blüte	☾		
17	♊	Blüte	☾		
18	♋(10)	Blatt	☾		
19	♋	Blatt	☾		
20	♌(4)	Frucht	☾		
21	♌	Frucht	☾	Ag	
22	♌	Frucht	☾		
23	♍(3)	Wurzel	☾		
24	♍	Wurzel	☾		☋
25	♍	Wurzel	☾		
26	♎(20)	Blüte	☾		
27	♎	Blüte	☾		
28	♏(7)	Blatt	☾		
29	♏	Blatt	☾		
30	♐(10)	Frucht	☾		
31	♐	Frucht	○		

Blüte Blütentag
Blatt Blatttag
Frucht Fruchttag
Wurzel Wurzeltag
Pflanzzeit

Tierkreisbilder

♑ Steinbock
♒ Wassermann
♓ Fische
♈ Widder
♉ Stier
♊ Zwilling
♋ Krebs
♌ Löwe
♍ Jungfrau
♎ Waage
♏ Skorpion
♐ Schütze

Mondphasen

○ Neumond
☽ zunehmend
● Vollmond
☾ abnehmend

Ag Apogäum
Pg Perigäum
☊ aufst. Mondkn.
☋ abst. Mondkn.

(18) In Klammern stehen die Uhrzeiten, zu denen der Mond in ein Tierkreisbild eintritt. Tritt der Mond z.B. um 18.00 Uhr in das Tierkreisbild, muss bis 18.00 Uhr das Tierkreisbild des Vortages berücksichtigt werden. Die Sommerzeit (MESZ) wurde in die Zeitangaben einberechnet.

REGISTER

GU GARTENTRÄUME

Trendige Themen rund um den Garten

ISBN 3-7742-1393-3
80 Seiten

ISBN 3-7742-1680-0
80 Seiten

Die neue Reihe zu aktuellen Themen, frisch und ansprechend gestaltet, zum Verschenken oder selbst behalten.

WEITERE TITEL ZUM THEMA GARTEN BEI GU:

- Feng Shui – Garten für die Sinne
- Feng Shui – Harmonisches Wohnen mit Pflanzen
- Gartenspaß für Einsteiger
- Balkon- und Kübelpflanzen für Einsteiger

GU

Gutgemacht. Gutgelaunt.

DIE AUTORIN
Marianne Breschke ist gelernte Gärtnerin und erfahrene Mond-Gärtnerin. Sie leitet zusammen mit ihrem Mann einen Pressedienst, der regelmäßig Informationen über Garten und Pflanzen veröffentlicht.

DIE ZEICHNER
Die Zeichnungen in diesem Buch stammen von Heidemarie Vignati mit Ausnahme der Zeichnungen von Stefan Heß auf den Seiten 26/27.

DIE FOTOGRAFEN
Bavaria: U1 (Mond); Borstell: Seite 5 re., 6; Caspersen: Seite 34 u., 54, U4 mi., re.; Krieg: Seite 33, 53, 57, 58; Nickig: U1 (Anemonen), Seite 21, 23 li., 30, 35, 44; Reinhard: Seite 62; Schneider/Will: Seite 8, 17, 42, 64, U4 li.; Strauß: Seite 2/3, 23 re., 39; Tschakert: Seite 4; Wolf-Garten, Betzdorf: Seite 5 li., 10, 28, 34 o.

DANK
Der Verlag dankt Jolanda Engelbrecht für die Mitarbeit an den Texten. Verlag und Fotografen danken den Gartenbesitzern und Firmen für ihre Unterstützung, insbesondere: Die Gartengalerie, Walzbachthal, BRD.

WICHTIGE HINWEISE
In diesem Buch werden Pflanzen beschrieben, die äußerlich und innerlich verwendet werden können. Die meisten der vorgestellten Arten sollten nicht im Übermaß verzehrt werden, einige Arten sind mit Vorsicht zu genießen, besonders während der Schwangerschaft. Bitte beachten Sie die entsprechenden Hinweise im Text. Viele der vorgestellten Pflanzen finden nicht nur in der Küche, sondern auch für Heiltees Verwendung. Langzeittherapien mit Heilkräutern sollten aber nur unter Anleitung eines Arztes für Naturheilverfahren durchgeführt werden. Alle Dünge- und Pflanzenschutzmittel, auch die biologischen, müssen unbedingt so aufbewahrt werden, dass sie für Kinder und Haustiere unerreichbar sind. Der Verzehr dieser Mittel kann zu gesundheitlichen Schäden führen. Außerdem dürfen sie nicht in die Augen gelangen.

Koordination: AMS, Reute
Redaktion: Birgit Hausenberger, Jolanda Englbrecht
Umschlaggestaltung: independent Medien-Design, München
Layout: Stefan Heß, Ehrenstetten
Herstellung: Ute Hausleiter
Satz: Bernd Walser Buchproduktion, München
Reproduktion: Repro Schmidt, Dornbirn
Druck und Bindung: Auer, Donauwörth
Printed in Germany

ISBN 3-7742-1680-0

Auflage 4. 3. 2.
Jahr 2003 2002 2001

DAS ORIGINAL · MIT GARANTIE · GU

Das Original mit Garantie

Ihre Meinung ist uns wichtig. Deshalb möchten wir Ihre Kritik, gerne aber auch Ihr Lob erfahren. Um als führender Ratgeberverlag für Sie noch besser zu werden. Darum: Schreiben Sie uns! Wir freuen uns auf Ihre Post und wünschen Ihnen viel Spaß mit Ihrem GU-Ratgeber.

Unsere Garantie:

Sollte ein GU-Ratgeber einmal einen Fehler enthalten, schicke Sie uns das Buch mit einem kleinen Hinweis und der Quittung innerhalb von sechs Monaten nach dem Kauf zurück. Wir tauschen Ihnen den GU-Ratgeber gegen einen anderen zum gleichen oder ähnlichen Thema um.

Ihr Gräfe und Unzer Verlag
Redaktion Natur
Stichwort: Gartenträume
Postfach 86 03 66
81630 München
Fax 089/ 41981-113
e-mail: leserservice@graefe-und-unzer.de